新 俳句・季語事典 2

山田みづえ 監修

夏の季語入門

石田郷子◆著

雀《すずめ》らも海《うみ》かけて飛《と》べ吹《ふき》流《なが》し

石田《いしだ》波《は》郷《きょう》

玫瑰《はまなす》や今《いま》も沖《おき》には未来《みらい》あり

中村草田男《なかむらくさたお》

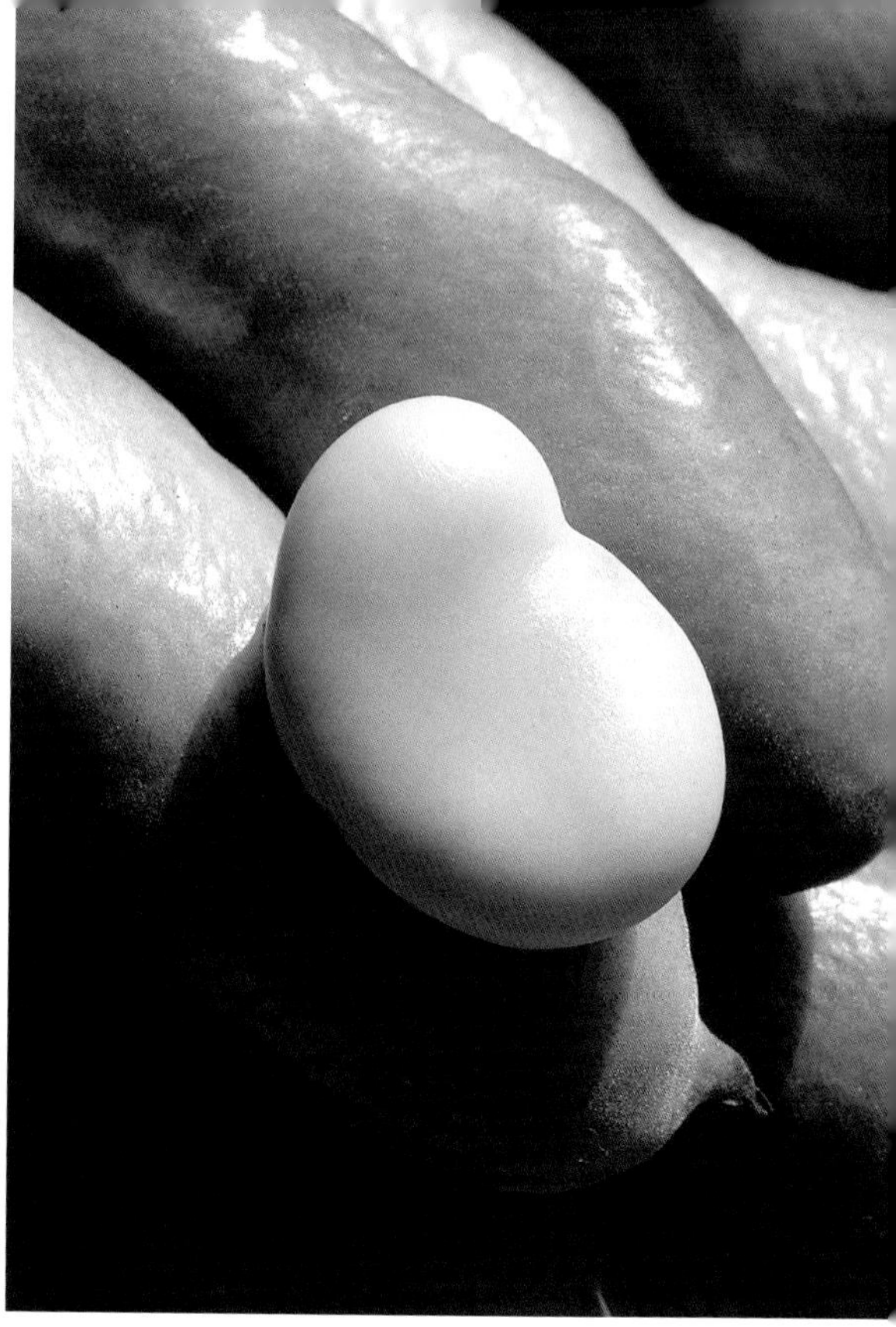

そら豆《まめ》はまことに青《あお》き味《あじ》したり

細《ほそ》見《み》綾《あや》子《こ》

摩《ま》天《てん》楼《ろう》より新《しん》緑《りょく》がパセリほど

鷹《たか》羽《は》狩《しゅ》行《ぎょう》

ねむりても旅《たび》の花火《はなび》の胸《むね》にひらく
大野《おおの》林火《りんか》

かたつむり甲斐《かい》も信濃《しなの》も雨《あめ》のなか

飯田龍太《いいだりゅうた》

夏の季語入門

もくじ

［協力］内堀写真事務所・福田一美／白河天文台／俳人協会刊『学校教育と俳句』／俳人協会主催「夏休み親子俳句教室」／大分県「豊っ子の会」／「ぐろっけ」「航標」「天為」「天穹」子ども俳句欄／広島県五日市観音西小学校

監修《かんしゅう》のことば

”子《こ》どもの歳時記《さいじき》“に祝福《しゅくふく》を――――山田《やまだ》みづえ

子《こ》どものための『季語事典《きごじてん》』！

この書《しょ》が、日本《にっぽん》の子《こ》ども達《たち》にとって、生《う》まれてはじめて出会《であ》う歳時記《さいじき》になるかもしれないという誇《ほこ》りと自負《じふ》を覚《おぼ》えます。そして、慈愛《じあい》のまなざしを湛《たた》えて、子《こ》ども達《たち》のもとに送《おく》り出《だ》したいと思《おも》います。

昔々《むかしむかし》、ちょっと取《と》り付《つ》き難《がた》い思《おも》いで、大人《おとな》の歳時記《さいじき》を操《く》ったことをなつかしく感《かん》じながら、この『季語事典《きごじてん》』に出会《であ》う皆《みな》さんに祝福《しゅくふく》を捧《ささ》げます。

日本語《にほんご》の良《よ》さ、俳句《はいく》の親《した》しさ、日本《にほん》の四季《しき》のよろしさを充分《じゅうぶん》に楽《たの》しんでください。

著者《ちょしゃ》のことば

この本《ほん》の特徴《とくちょう》──凡例《はんれい》に代《か》えて──

石田郷子《いしだきょうこ》

『新《しん》 俳句《はいく》・季語事典《きごじてん》』は、広《ひろ》く小学生《しょうがくせい》から中学生《ちゅうがくせい》のみなさんに俳句《はいく》に親《した》しんでいただくつもりで書《か》きました。

現在《げんざい》、歳時記《さいじき》（俳句《はいく》の季語集《きごしゅう》）に収《おさ》められている季語《きご》は五千《ごせん》ほどですが、この本《ほん》では、みなさんの生活《せいかつ》のなかで実際《じっさい》に見《み》ることができるもの、体験《たいけん》できるものを中心《ちゅうしん》に選《えら》びました。また、なかなかふれる機会《きかい》のないものでも、知《し》っておいていただきたいと思《おも》った季語《きご》は残《のこ》しました。

この本《ほん》で取《と》り上《あ》げた俳句《はいく》は、既刊《きかん》の歳時記《さいじき》、アンソロジーなどから引用《いんよう》させていただきました。また、歴史的《れきしてき》かなづかいなど、ほとんど原文《げんぶん》のままですが、漢字《かんじ》は新字《しんじ》に、「〳〵」や「ゝ」などのくり返《かえ》し記号《きごう》はひらがなに直《なお》しました。

なお、作者名《さくしゃめい》で、名字《みょうじ》がなく名前《なまえ》のみのものは江戸時代《えどじだい》の俳人《はいじん》の作品《さくひん》です。

最後《さいご》になりましたが、この本《ほん》の大《おお》きな特徴《とくちょう》の一《ひと》つとして、小中学生《しょうちゅうがくせい》のみなさんの作品《さくひん》を、例句《れいく》の中《なか》にできるだけたくさん取《と》り上《あ》げさせていただきました。巻頭目次《かんとうもくじ》の頁《ページ》に掲載《けいさい》いたしました各協力団体《かくきょうりょくだんたい》に、この場《ば》をお借《か》りして厚《あつ》くお礼申《れいもう》しあげます。

夏の季語

＊本書では、季語を五十音（あいうえお）順ではなく、「時候（暑さや寒さなど気候にまつわるもの）」「天文（気象や天体）」「地理」「生活」「動物」「植物」の順に並べました。

【夏《なつ》】立夏《りっか》（五月六日《ごがつむいか》ごろ）から、立秋《りっしゅう》（八月八日《はちがつようか》ごろ）の前《まえ》の日《ひ》までの三《さん》カ月間《げっかん》をいいます。

算術《さんじゅつ》※1の少年《しょうねん》しのび泣《な》けり夏《なつ》　西東三鬼《さいとうさんき》
夏《なつ》の木《き》へ両手《りょうて》広《ひろ》げるありつ《（っ）》たけ　大高《おおたか》　翔《しょう》
まなつの日《ひ》からすのはねをひろったよ　永井輝一《ながいきいち》（小2）

【立夏《りっか》】二十四節気《にじゅうしせっき》（季節《きせつ》の変化《へんか》を示《しめ》すことば）の一《ひと》つで、五月六日《ごがつむいか》ごろを立夏《りっか》といい、この日《ひ》から夏《なつ》とします。北海道《ほっかいどう》や東北《とうほく》など寒《さむ》い地方《ちほう》では、まだ雪《ゆき》が残《のこ》り、桜《さくら》がやっと咲《さ》くころです。夏来《なつきた》る、夏《なつ》に入《い》るともいいます。

プラタナス※2夜《よ》もみどりなる夏《なつ》は来《き》ぬ　石田波郷《いしだはきょう》
街角《まちかど》のいま静《しず》かなる立夏《りっか》かな　千葉皓史《ちばこうし》

【初夏《しょか》】夏《なつ》のはじめのころで、梅雨《つゆ》がはじまるまでの間《あいだ》をいいます。木《き》や草《くさ》の緑《みどり》が美《うつく》しく、風《かぜ》もさわやかに感《かん》じられます。「はつなつ」とも読《よ》み、夏《なつ》はじめともいいます。

海《うみ》から無電《むでん》うなづ《ず》き歩《あゆ》む初夏《しょか》の鳩《はと》　西東三鬼《さいとうさんき》
目《め》が覚《さ》めてを《お》りはつなつの畳《たたみ》の香《か》　石田郷子《いしだきょうこ》

プラタナス

※1 **算術《さんじゅつ》**…算数《さんすう》または数学《すうがく》のこと。昔《むかし》はこういいました。

※2 **プラタナス**…街路樹《がいろじゅ》によくつかわれる木《き》で、スズカケともいいます。

【夏《なつ》めく】風景《ふうけい》や気候《きこう》が、夏《なつ》らしく感《かん》じられてくることをいいます。夏《なつ》きざすともいいます。

縞馬《しまうま》の流《なが》るる縞《しま》に夏兆《なつきざ》す　原田青児《はらだせいじ》

夏《なつ》めきてバーベルぐんと重《おも》くなる　和田幸司《わだこうじ》

【卯月《うづき》】旧暦《きゅうれき》（明治五年《めいじごねん》までに使《つか》われていた暦《こよみ》）の四月《しがつ》のことをいいます。だいたい今《いま》の五月《ごがつ》ごろに当《あた》り、卯《う》の花《はな》が咲《さ》くころなので卯《う》の花月《はなづき》ともいいます。

卯月来《うづきき》ぬましろき紙《かみ》に書《か》くことば　三橋鷹女《みつはしたかじょ》

【五月《ごがつ》】五月《ごがつ》は、春《はる》から夏《なつ》に移《うつ》りかわる月《つき》です。晴《は》れた日《ひ》が多《おお》く、野《の》へ山《やま》へと行《こう》楽《らく》に出《で》かけることも多《おお》くなります。風《かぜ》もさわやかに、草木《くさき》の緑《みどり》もかがやくようです。虫《むし》や動物《どうぶつ》も生《い》き生《い》きとしています。

子《こ》の髪《かみ》の風《かぜ》に流《なが》るる五月来《ごがつき》ぬ　大野林火《おおのりんか》

【薄暑《はくしょ》】夏《なつ》のはじめのころの、少《すこ》し汗《あせ》ばむような暑《あつ》さをいいます。

はたらいてもう昼《ひる》が来《き》て薄暑《はくしょ》かな　能村登四郎《のむらとしろう》

【麦《むぎ》の秋《あき》】麦《むぎ》は秋《あき》の終《おわ》りごろから冬《ふゆ》にかけて種《たね》をまき、初夏《しょか》に穂《ほ》が熟《じゅく》します。そのころの季節《きせつ》を麦《むぎ》の秋《あき》、または麦秋《ばくしゅう》といいます。秋《あき》はいっぱんに穀物《こくもつ》の実《みの》る時期《じき》なので、麦《むぎ》の実《みの》る季節《きせつ》という意味《いみ》で、こう呼《よ》ぶのです。

麦秋《ばくしゅう》や書架《しょか》にあまりし文庫本《ぶんこぼん》　安住《あずみ》　敦《あつし》

海鳴《うみなり》や弘法麦《こうぼうむぎ》も麦《むぎ》の秋《あき》　山田《やまだ》みづえ

【さつき】旧暦《きゅうれき》の五月《ごがつ》のことです。だいたい今《いま》の六月《ろくがつ》ごろに当《あた》ります。また稲《いね》の苗《なえ》を植《う》える時期《じき》なので早苗月《さなえづき》ともいいます。

庭土《にわつち》に皐月《さつき》の蠅《はえ》の親《した》しさよ　芥川龍之介《あくたがわりゅうのすけ》

【六月《ろくがつ》】六月《ろくがつ》は、梅雨《つゆ》に入《はい》る月《つき》です。うっとうしい雨《あめ》の日《ひ》が多《おお》くなりますが、思《おも》いがけずよい天気《てんき》に恵《めぐ》まれる日《ひ》もあります。植物《しょくぶつ》の緑《みどり》も日増《ひま》しに濃《こ》くなります。

六月《ろくがつ》を奇麗《きれい》な風《かぜ》の吹《ふ》くことよ　正岡子規《まさおかしき》

六月《ろくがつ》の万年筆《まんねんひつ》のにほひかな　千葉皓史《ちばこうし》

【梅雨《つゆ》】六月《ろくがつ》の半《なか》ばごろ、日本《にっぽん》は梅雨《つゆ》を迎《むか》えます。入梅《にゅうばい》ともいいます。じめじめしたうっとうしい時期《じき》ですが、稲《いね》などの成育《せいいく》にはこの時期《じき》の雨《あめ》が欠《か》かせません。青葉《あおば》のころなので青梅雨《あおづゆ》ということもあります。梅雨《つゆ》でも雨《あめ》の日《ひ》が少《すく》ないことを空梅雨《からつゆ》、またはひでり梅雨《づゆ》といいます。梅雨夕焼《つゆゆうやけ》、梅雨雲《つゆぐも》、梅雨寒《つゆさむ》などの使《つか》い方《かた》もあります。梅雨明《つゆあ》けはだいたい七月《しちがつ》の十日過《とおかす》ぎです。

樹《き》も草《くさ》もしづ《ず》かにて梅雨《つゆ》はじまりぬ　日野草城《ひのそうじょう》

抱《だ》く吾子《あこ》※3も梅雨《つゆ》の重《おも》みといふべしや　飯田龍太《いいだりゅうた》

【夏至《げし》】二十四節気《にじゅうしせっき》の一《ひと》つで、一年《いちねん》で昼間《ひるま》がもっとも長《なが》い日《ひ》です。だいたい六月《ろくがつ》二十一日《にじゅういちにち》ごろです。

夏至《げし》の日《ひ》の手足明《てあしあか》るく目覚《めざ》めけり　岡本《おかもと》　眸《ひとみ》

※3　吾子《あこ》…わが子《こ》。

【水無月《みなづき》】旧暦《きゅうれき》の六月《ろくがつ》をいいます。今《いま》の七月《しちがつ》ごろに当《あた》ります。梅雨《つゆ》も終《おわ》って水《みず》が不足《ふそく》する時期《じき》なのでついた名前《なまえ》だといわれています。

水無月《みなづき》のとほ《お》き雲《くも》けふ《きょう》もとほ《お》くあり　川島彷徨子《かわしまほうこうし》

【七月《しちがつ》】七月《しちがつ》には長《なが》かった梅雨《つゆ》も明《あ》け、夏《なつ》の日《ひ》ざしが照《て》りつけていよいよ暑《あつ》くなります。関東《かんとう》から西《にし》の地方《ちほう》では学校《がっこう》が夏休《なつやす》みを迎《むか》え、海水浴《かいすいよく》や登山《とざん》に出《で》かける人《ひと》が多《おお》くなります。

遮断機《しゃだんき》が上《あが》る七月《しちがつ》の海《うみ》にむき　山口青邨《やまぐちせいそん》

【暑《あつ》し】梅雨《つゆ》のあとの夏《なつ》の本格的《ほんかくてき》な暑《あつ》さをいいます。「暑《あつ》し」は「暑《あつ》い」の文語《ぶんご》（平安時代《へいあんじだい》のことばを基本《きほん》にしてつくられた書《か》きことば）です。

暑《あつ》き日《ひ》を海《うみ》にいれたり最上川《もがみがわ》　芭蕉《ばしょう》

蝶《ちょう》の舌《した》ゼンマイに似《に》る暑《あつ》さかな　芥川龍之介《あくたがわりゅうのすけ》

【大暑《たいしょ》】二十四節気《にじゅうしせっき》の一《ひと》つで、七月二十三日《しちがつにじゅうさんにち》ごろに当《あた》り、一年《いちねん》でいちばん暑《あつ》い日《ひ》とされています。

まのあたり※4牛《うし》の貌《かお》ある大暑《たいしょ》かな　ながさく清江《きよえ》

【土用《どよう》】立秋《りっしゅう》（八月八日《はちがつようか》ごろ）の前《まえ》の十八日間《じゅうはちにちかん》をいいます。その一日目《いちにちめ》を土用《どよう》の入《い》りまたは土用太郎《どようたろう》、二日目《ふつかめ》を土用次郎《どようじろう》、三日目《みっかめ》を土用三郎《どようさぶろう》といいます。土用《どよう》の丑《うし》の日《ひ》には夏負《なつま》けしないようにうなぎを食《た》べる習慣《しゅうかん》があります。

土用鰻店《どよううなぎみせ》ぢゅ《じ（ゆ）》う水《みず》を流《なが》しをり　阿波野青畝《あわのせいほ》
土用次郎国分《どようじろうくにわか》つ山《やま》かがやけり　大野林火《おおのりんか》

【涼《すず》し】暑《あつ》いときでも、木陰《こかげ》に入《はい》ったり、水辺《みずべ》に立《た》ったりしたときなどには、涼《すず》しく感《かん》じます。また、風《かぜ》に風鈴《ふうりん》が鳴《な》ったりすると、涼《すず》しいような気《き》がします。こういう暑《あつ》い中《なか》の涼《すず》しさをいいます。「涼《すず》し」は「涼《すず》しい」の文語《ぶんご》です。涼風《りょうふう》、涼風《すずかぜ》、朝涼《あさすず》、夜涼《やりょう》などの使《つか》い方《かた》もあります。

此《この》あたり目《め》に見《み》ゆるものは皆涼《みなすず》し　芭蕉《ばしょう》
涼《すず》しさや鐘《かね》をはなるるかねの声《こえ》　蕪村《ぶそん》
大《だい》の字《じ》に寝《ね》て涼《すず》しさよ淋《さび》しさよ　一茶《いっさ》
どの子《こ》にも涼《すず》しく風《かぜ》の吹《ふ》く日《ひ》かな　飯田龍太《いいだりゅうた》

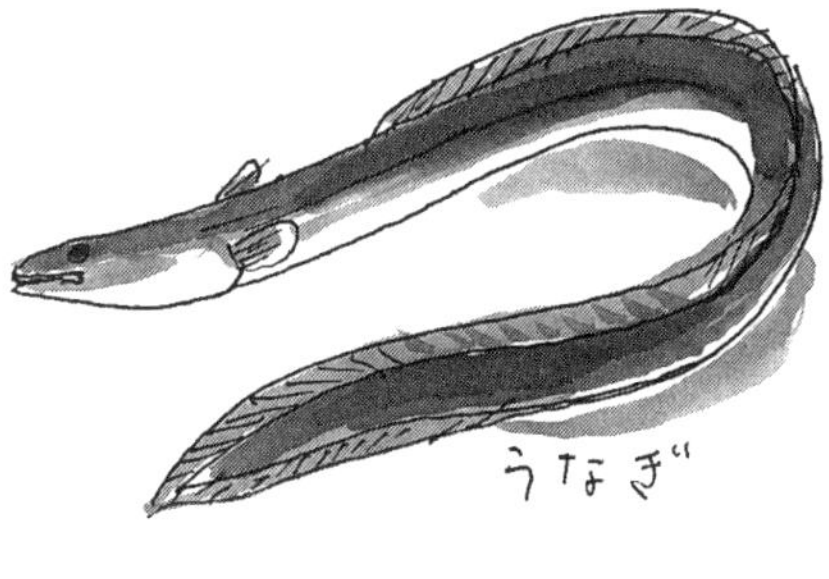

※4 まのあたり…目《め》の前《まえ》。

【晩夏《ばんか》】夏《なつ》の終《おわ》りのころをいいます。夏深《なつふか》し、夏《なつ》の果《はて》ともいい、少《すこ》しずつ感《かん》じの違《ちが》うことばです。まだ暑《あつ》さはきびしく、景色《けしき》も夏《なつ》らしいのに、どこかに秋《あき》の気配《けはい》を感《かん》じます。

東京《とうきょう》の椎《しい》や欅《けやき》や夏果《なつは》てぬ　石田波郷《いしだはきょう》

遠《とお》くにて水《みず》の輝《かがや》く晩夏《ばんか》かな　高柳重信《たかやなぎじゅうしん》

【夜《よる》の秋《あき》】夏《なつ》の終《おわ》りのころ、夜《よる》になると涼《すず》しく、まるで秋《あき》のような感《かん》じのすることがあります。これを夏《なつ》の季語《きご》として、夜《よる》の秋《あき》といいます。

旅馴《たびな》れてトランク一《ひと》つ夜《よる》の秋《あき》　星野立子《ほしのたつこ》

【秋近《あきちか》し】秋隣《あきどなり》ともいいます。夏《なつ》が終《おわ》るころ秋《あき》の気配《けはい》が感《かん》じられることです。

秋《あき》ちかき心《こころ》の寄《よる》や四畳半《よじょうはん》　芭蕉《ばしょう》

飯櫃《めしびつ》にまたのる猫《ねこ》や秋隣《あきどなり》　増田龍雨《ますだりゅうう》

【夏《なつ》の日《ひ》】夏《なつ》の太陽《たいよう》、夏《なつ》の一日《いちにち》、どちらのこともいいます。

夏日《なつび》の船《ふね》白《しろ》さ増《ま》しつつ遠《とお》ざかる　八木絵馬《やぎえま》

【夏《なつ》の空《そら》】晴《は》れた夏《なつ》の空《そら》はまぶしく、青《あお》さも増《ま》して見《み》えます。

夏空《なつぞら》へ雲《くも》のらくがき奔放《ほんぽう》に　富安風生《とみやすふうせい》

【炎天《えんてん》】真夏《まなつ》の灼《や》けつくような日《ひ》ざしの空《そら》を、炎天《えんてん》といいます。

炎天《えんてん》の遠《とお》き帆《ほ》やわがこころの帆《ほ》　山口誓子《やまぐちせいし》

【雲《くも》の峰《みね》】入道雲《にゅうどうぐも》のことをいいます。峰《みね》（山《やま》）のように高《たか》く盛《も》り上《あ》がってゆく雲《くも》なのでこう呼《よ》びます。峰雲《みねぐも》ともいいます。

雲《くも》の峰《みね》鍬《くわ》一本《いっぽん》で立《た》ち向《む》かふ《う》　木幡冬馬《こはたとうま》

教室《きょうしつ》の窓《まど》から※5腕雲《かいなぐも》の峰《みね》　山田葵《やまだあおい》

※5 腕《かいな》…うで。

夏空

【夏《なつ》の月《つき》】夏《なつ》の月《つき》は、昼間《ひるま》の暑《あつ》さがきびしいだけに、涼《すず》しげに見《み》えます。月涼《つきすず》しといういい方《かた》もします。

夏《なつ》の月《つき》いま上《あが》りたるばかりかな　久保田万太郎《くぼたまんたろう》

【夏《なつ》の星《ほし》】いっぱんに、星《ほし》は秋《あき》がいちばん美《うつく》しいといわれますが、夏《なつ》の星《ほし》も大粒《おおつぶ》に見《み》えて美《うつく》しいものです。さそり座《ざ》など夏《なつ》にしか見《み》えない星《ほし》も近々《ちかぢか》と見《み》えます。星涼《ほしすず》しといういい方《かた》もあります。

星涼《ほしすず》しアンデルセンの童話《どうわ》など　星野麥丘人《ほしのばっきゅうじん》

【薫風《くんぷう》】初夏《しょか》のころの若葉《わかば》や青葉《あおば》を渡《わた》ってくる風《かぜ》をいいます。風薫《かぜかお》るともいいます。

其人《そのひと》の足跡《あしあと》ふめば風《かぜ》かをる　正岡子規《まさおかしき》

盲導犬薫風《もうどうけんくんぷう》に目《め》をかがやかす　堀口星眠《ほりぐちせいみん》

【青嵐《あおあらし》】「せいらん」と読《よ》むこともあります。青葉《あおば》のころの強《つよ》い風《かぜ》をいいます。

青嵐電車《あおあらしでんしゃ》の音《おと》と家《いえ》にくる　山口誓子《やまぐちせいし》

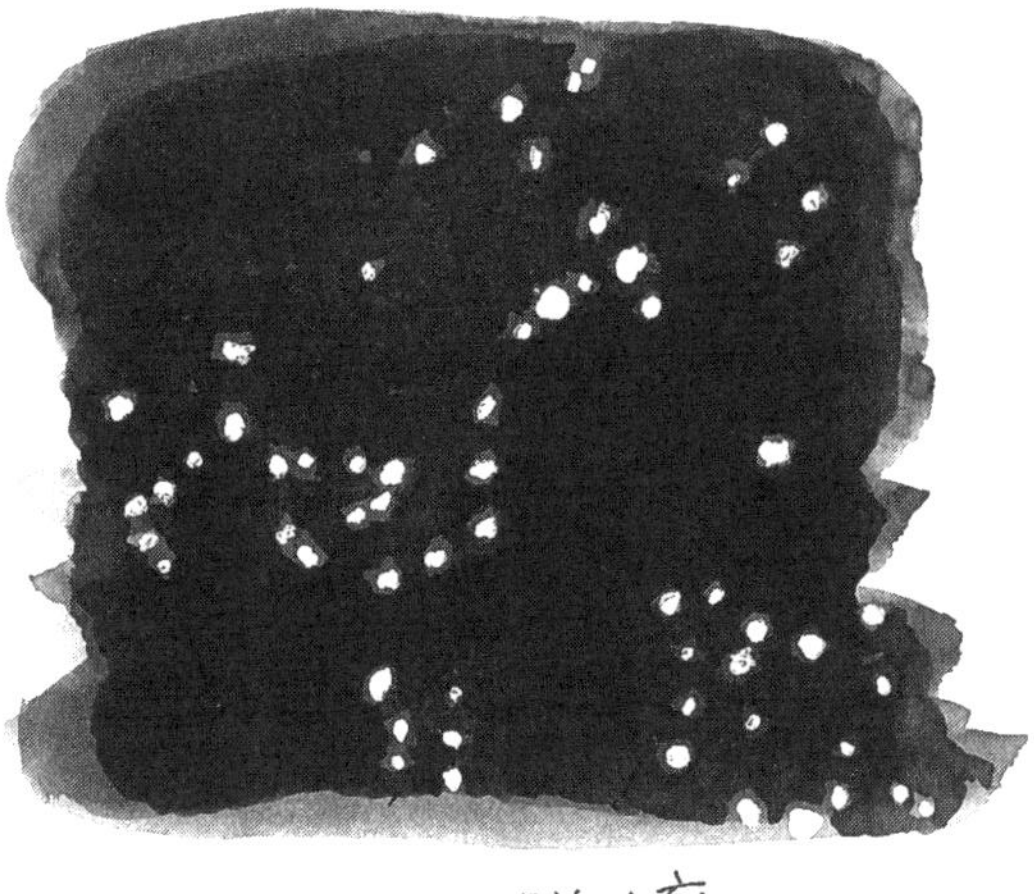

さそり座

【南風《みなみかぜ》】夏《なつ》の季節風《きせつふう》です。「はえ」「なんぷう」「みなみ」と読《よ》むこともあります。また、梅雨《つゆ》のころ吹《ふ》く湿気《しっけ》を含《ふく》んだ南風《みなみかぜ》を黒南風《くろはえ》、梅雨明《つゆあ》けに吹《ふ》く南風《みなみかぜ》を白南《しらは》風《え》といいます。

南風《なんぷう》や屋上《おくじょう》に出《で》て海《うみ》は見《み》ゆる　高屋窓秋《たかやそうしゅう》
黒南風《くろはえ》の辻《つじ》いづくにも魚《うお》匂《にお》ひ《い》　能村登四郎《のむらとしろう》
白南風《しらはえ》やきりきり鷗《かもめ》落《お》ちゆけり　角川源義《かどかわげんよし》

【夏《なつ》の雨《あめ》】夏《なつ》の雨《あめ》といってもいろいろですが、きびしい日照《ひで》りのときなど、雨《あめ》が降《ふ》ると、草《くさ》も木《き》もみずみずしく生気《せいき》を取《と》り戻《もど》します。

夏《なつ》の雨《あめ》明《あか》るくなりて降《ふ》り続《つづ》く　星野立子《ほしのたつこ》

【五月雨《さみだれ》】五月雨《さみだれ》は今《いま》でも耳《みみ》にすることばですが、旧暦《きゅうれき》の五月《ごがつ》、つまり梅雨《つゆ》の長《なが》雨《あめ》のことをいいます。

五月雨《さみだれ》をあつめて早《はや》し最上川《もがみがわ》※6　芭蕉《ばしょう》
さみだれのあまだればかり浮御堂《うきみどう》※7　阿波野青畝《あわのせいほ》

南風に白波が立つ海

※6 **最上川《もがみがわ》**…山形県《やまがたけん》を流《なが》れる川《かわ》。

※7 **浮御堂《うきみどう》**…滋賀県《しがけん》の琵琶湖《びわこ》につくられた仏堂《ぶつどう》で、水面《すいめん》に浮《う》かんだように見《み》えます。

【夕立《ゆうだち》】夕方《ゆうがた》、急《きゅう》に雲《くも》が出《で》て、激《はげ》しく降《ふ》りだす雨《あめ》のことです。夏《なつ》の積乱雲《せきらんうん》が発達《はったつ》したために起《お》こる現象《げんしょう》で、たいていは雷《かみなり》をともないます。夏《なつ》のさかりには毎日《まいにち》のように夕立《ゆうだち》があります。「ゆだち」と読《よ》むこともあります。

夕立《ゆうだち》やお地蔵《じぞう》さんもわたしもずぶぬれ　種田山頭火《たねださんとうか》

祖母山《そぼさん》も傾山《かたむくさん》※8も夕立《ゆうだち》かな　山口青邨《やまぐちせいそん》

夕立《ゆうだち》のあと夕空《ゆうぞら》の残《のこ》りけり　今井杏太郎《いまいきょうたろう》

【雷《かみなり》】積乱雲《せきらんうん》によって起《お》こる放電現象《ほうでんげんしょう》で、夏《なつ》によく起《お》こります。鋭《するど》い光《ひかり》と大《おお》きな音《おと》をともないます。ほかの季節《きせつ》にも雷《かみなり》は起《お》こりますが、ふつうに雷《かみなり》というと夏《なつ》の季語《きご》になります。「らい」とも読《よ》み、いかづち、はたた神《がみ》などともいいます。昼間《ひるま》の雷《かみなり》を日雷《ひかみなり》、雨《あめ》が降《ふ》りだせば雷雨《らいう》、遠《とお》くきこえるのは遠雷《えんらい》といろいろな使《つか》い方《かた》があります。

夜《よ》の雲《くも》のみづ《ず》みづ《ず》しさや雷《らい》のあと　原《はら》　石鼎《せきてい》

遠雷《えんらい》や睡《ねむ》ればいまだいとけなく※9　中村汀女《なかむらていじょ》

【虹《にじ》】雨《あめ》あがりに、太陽《たいよう》と反対側《はんたいがわ》に見《み》られる半円形《はんえんけい》の七色《なないろ》の光《ひかり》の帯《おび》です。虹《にじ》は、夏《なつ》だけのものではありませんが、夕立《ゆうだち》のあとなど、夏《なつ》にいちばん多《おお》く見《み》られる現象《げんしょう》です。

※8　**祖母山《そぼさん》、傾山《かたむくさん》**…九州《きゅうしゅう》、大分《おおいた》県《けん》と宮崎県《みやざきけん》の県境《けんざかい》にある山《やま》。

※9　**いとけなく**…いとけなしの連用形《れんようけい》で、おさないという意味《いみ》。

ゆけどゆけどゆけども虹《にじ》をくぐり得《え》ず　高柳重信《たかやなぎじゅうしん》

虹《にじ》なにかしきりにこぼす海《うみ》の上《うえ》　鷹羽狩行《たかはしゅぎょう》

【雹《ひょう》】積乱雲《せきらんうん》から降《ふ》ってくる氷《こおり》のかたまりです。夏《なつ》に多《おお》く降《ふ》り、大《おお》きいものは野《や》球《きゅう》のボールぐらいで、建物《たてもの》や、農作物《のうさくもつ》などに被害《ひがい》の出《で》ることもあります。

雹晴《ひょうは》れて豁然《かつぜん》※10とある山河《さんが》かな　村上鬼城《むらかみきじょう》

【朝曇《あさぐも》り】夏《なつ》の朝《あさ》は、空《そら》が曇《くも》って見《み》えることがよくあります。そのあとには晴《は》れて、とても暑《あつ》くなります。

朝曇《あさぐもり》手《て》に鉄棒《てつぼう》の匂《にお》ひかな　山田《やまだ》　葵《あおい》

【夏《なつ》の朝《あさ》】夏《なつ》は、昼間《ひるま》が暑《あつ》いので、朝《あさ》は涼《すず》しくさわやかに感《かん》じられます。夏暁《なつあけ》ともいいます。

水《みず》を汲《く》む豊《ゆた》かな音《おと》に夏暁《なつあ》けぬ　阿部《あべ》みどり女《じょ》

夏《なつ》の朝病児《あさびょうじ》によべ※11の灯《ひ》を消《け》しぬ　星野立子《ほしのたつこ》

※10 **豁然《かつぜん》**…ひらけたようす。

※11 **よべ**…きのうの夜《よる》。

【炎昼《えんちゅう》】日盛《ひざかり》ともいい、晴《は》れた真夏《まなつ》の暑《あつ》い日中《にっちゅう》のことです。

日盛《ひざかり》や息《いき》をしてを《お》る蜥蜴《とかげ》の尾《お》　辻《つじ》　桃子《ももこ》

【夏《なつ》夕《ゆう》べ】夏《なつ》の夕暮《ゆうぐ》れは長《なが》く、ゆっくりと暮《く》れてゆきます。

明《あか》るくて夏《なつ》の夕餉《ゆうげ》※12はすでに終《お》ふ《う》　山口波津女《やまぐちはつじょ》

【短夜《みじかよ》】短《みじか》い夏《なつ》の夜《よる》をいいます。夏《なつ》は日《ひ》が長《なが》く、夜明《よあ》けが早《はや》く来《く》るので、明易《あけやす》しともいいます。

短夜《みじかよ》のあけゆく水《みず》の匂《にお》ひ《い》かな　久保田万太郎《くぼたまんたろう》

わが消《け》す灯《ひ》母《はは》がともす灯《ひ》明易《あけやす》し　古賀《こが》まり子《こ》

【朝焼《あさやけ》】日《ひ》の出《で》のとき東《ひがし》の空《そら》が紅色《べにいろ》に染《そ》まることを朝焼《あさや》けといいますが、夏《なつ》はことにその色《いろ》が濃《こ》く美《うつく》しく見《み》えるので夏《なつ》の季語《きご》になっています。

朝焼《あさやけ》の露路《ろじ》露路《ろじ》になほ《お》灯《ひ》がのこる　加藤楸邨《かとうしゅうそん》

鳩《はと》とゐ《い》て朝焼雀《あさやけすずめ》小《ちい》さしや　石田波郷《いしだはきょう》

※12 夕餉《ゆうげ》…夕食《ゆうしょく》。

【夕焼《ゆうやけ》】夕焼《ゆうやけ》は、どの季節《きせつ》でも見《み》られますが、ふつうに夕焼《ゆうやけ》というと夏《なつ》の夕焼《ゆうやけ》のことをさします。夏《なつ》の夕焼《ゆうやけ》はとくに大《おお》きく感《かん》じられるからです。「ゆやけ」とも読《よ》みます。

夕焼《ゆうや》くる子《こ》らにやさしきことを言《い》ふ　三谷《みたに》　昭《あきら》

大《おお》き夕焼《ゆやけ》河《かわ》も流《なが》れを止《と》めてゐ《い》る　相馬《そうま》遷子《せんし》

夕焼《ゆうやけ》は赤《あか》いトンボのおかあさん　大谷《おおたに》かんな（小3）

【片《かた》かげ】夏《なつ》の日中《にっちゅう》、暑《あつ》いさかりの建物《たてもの》などの日陰《ひかげ》をいいます。片《かた》かげに入《はい》るとすこしほっとするものです。

片蔭《かたかげ》へ子《こ》を入《い》れ若《わか》き母《はは》が入《い》る　川崎《かわさき》展宏《てんこう》

【西日《にしび》】夕方《ゆうがた》の日《ひ》ざしのことをいいます。夏《なつ》の西日《にしび》は強《つよ》くまぶしいものです。

西日《にしび》中《なか》電車《でんしゃ》のどこか掴《つか》みて居《お》り　石田《いしだ》波郷《はきょう》

駅前《えきまえ》本屋《ほんや》子供《こども》らを溜《た》め西日《にしび》溜《た》め　菖蒲《しょうぶ》あや

【夏《なつ》の山《やま》】草木《くさき》が茂《しげ》って緑《みどり》が濃《こ》い夏《なつ》の山々《やまやま》です。夏山《なつやま》、または青嶺《あおね》ともいいます。

分《わ》け入《い》つ《(つ)》ても分《わ》け入《い》つ《(つ)》ても青《あお》い山《やま》　種田山頭火《たねださんとうか》
七月《しちがつ》の青嶺《あおね》まぢかく熔鉱炉《ようこうろ》　山口誓子《やまぐちせいし》
山国《やまぐに》のその夏山《なつやま》の雄々《おお》しさよ　上村占魚《うえむらせんぎょ》

【夏《なつ》の川《かわ》】夏《なつ》の川《かわ》（河《かわ》）は、梅雨《つゆ》で水《みず》かさが増《ま》したり、日照《ひで》りが続《つづ》いて河原《かわら》がひろびろとしたり、水遊《みずあそ》びをする子《こ》どもたちがいて賑《にぎ》やかだったりと、いろいろな表情《ひょうじょう》があります。

夏河《なつかわ》を越《こ》すうれしさよ手《て》に草履《ぞうり》　蕪村《ぶそん》
夏《なつ》の河赤《かわあか》き鉄鎖《てっさ》のはし浸《ひた》る　山口誓子《やまぐちせいし》
夏河《なつがわ》を電車《でんしゃ》はためき越《こ》ゆるなり　石田波郷《いしだはきょう》

【夏《なつ》の海《うみ》】夏《なつ》の海《うみ》は、空《そら》には入道雲《にゅうどうぐも》が湧《わ》いて日《ひ》ざしが強《つよ》く、波《なみ》はきらきらと輝《かがや》いて生命力《せいめいりょく》がみなぎっています。海水浴《かいすいよく》をしたり、サーフィンをしたりスポーツもさかんです。夏《なつ》の波《なみ》、夏《なつ》の浜《はま》なども季語《きご》です。

乳母車夏《うばぐるまなつ》の怒濤《どとう》※13によこむきに　橋本多佳子《はしもとたかこ》
夏海《なつうみ》へトンネル遠眼鏡《とおめがね》のごとく　八木絵馬《やぎえま》

北アルプスの山々

※13　怒濤《どとう》…はげしく打《う》ち寄《よ》せる大《おお》きな波《なみ》。

【出水《でみず》】梅雨《つゆ》の時期《じき》、集中豪雨《しゅうちゅうごうう》などで水《みず》かさが増《ま》し、川《かわ》があふれて洪水《こうずい》になることをいいます。その水《みず》かさの増《ま》した川《かわ》を出水川《でみずがわ》といいます。

目《め》のついてゆけぬ迅《はや》さの出水川《でみずがわ》　藤崎久《ふじさきひさ》を

【植田《うえた》】田植《たう》えをしたばかりの田《た》のことをいいます。豊《ゆた》かな水《みず》に小《ちい》さな稲《いね》の苗《なえ》が列《れつ》をなしてきれいに並《なら》び風《かぜ》にそよいでいたりします。

植田《うえた》どの畦《あぜ》に立《た》ちても嶺《みね》写《うつ》す　原田種茅《はらだたねじ》

いとけなく※9植田《うえた》となりてなびきをり《お》　橋本多佳子《はしもとたかこ》

【青田《あおた》】植田《うえた》から一《いっ》カ月《げつ》もたつと苗《なえ》も成長《せいちょう》して、緑一色《みどりいっしょく》となります。これを青田《あおた》といいます。

ところどころ風《かぜ》吹《ふ》いてゐ《い》る青田《あおた》かな　山口《やまぐち》いさを

※9　いとけなく…22頁《ページ》参照《さんしょう》。

青田にいろどられた山村

【夏野《なつの》】見渡《みわた》すかぎり草《くさ》が生《は》え揃《そろ》った夏《なつ》の野原《のはら》のことです。青野《あおの》ともいいます。

絶《た》えず人《ひと》いこふ夏野《なつの》の石一《いしひと》つ　正岡子規《まさおかしき》

採集《さいしゅう》のクラス真昼《まひる》の青野《あおの》行《ゆ》く　廣瀬直人《ひろせなおと》

【お花畑《はなばたけ》】高《たか》い山《やま》では、夏《なつ》に色《いろ》とりどりの高山植物《こうざんしょくぶつ》がいっせいに咲《さ》き乱《みだ》れます。それをお花畑《はなばたけ》と呼《よ》んでいます。

ひざまづ《ず》き花《はな》の名知《なし》らずお花畑《はなばた》　土山紫牛《つちやましぎゅう》

【雪渓《せっけい》】夏《なつ》になっても高《たか》い山《やま》では雪《ゆき》が消《き》えずに、北側《きたがわ》の斜面《しゃめん》の窪地《くぼち》や谷《たに》に残《のこ》ります。これを雪渓《せっけい》といいます。

雪渓《せっけい》に人間《にんげん》といふ者小《うものち》さし　上村占魚《うえむらせんぎょ》

【泉《いずみ》】地中《ちちゅう》からこんこんと湧《わ》き出《で》る清《きよ》く澄《す》んだ水《みず》のことです。暑《あつ》い夏《なつ》には自然《しぜん》の冷《つめ》たい水《みず》が涼《すず》しさをよんでくれます。

諸手《もろて》さし入《い》れ泉《いずみ》にうなづ《ず》き水握《みずにぎ》る　中村草田男《なかむらくさたお》

泉《いずみ》への道《みち》後《おく》れゆく安《やす》けさよ※14　石田波郷《いしだはきょう》

【滝《たき》】高《たか》い崖《がけ》などから水《みず》が流《なが》れ落《お》ちるものを滝《たき》といいます。滝《たき》は一年中《いちねんじゅう》ありますが、見《み》るからに涼《すず》しい感《かん》じがするので夏《なつ》の季語《きご》となっています。

滝《たき》の上《うえ》に水《みず》現《あらわ》れて落《お》ちにけり　後藤夜半《ごとうやはん》

滝《たき》落《お》ちて群青《ぐんじょう》世界《せかい》とどろけり　水原秋櫻子《みずはらしゅうおうし》

【更衣《ころもがえ》】季節《きせつ》の移《うつ》りかわりに、服装《ふくそう》をかえることですが、俳句《はいく》ではとくに冬《ふゆ》の衣《い》装《しょう》をしまって、夏《なつ》の服装《ふくそう》に入《い》れ替《か》えることをいいます。制服《せいふく》なども六月《ろくがつ》になると衣《ころも》がえします。

一《ひと》つ脱《ぬい》で後《うしろ》に負《おい》ひぬ衣《ころも》がへ《え》　芭蕉《ばしょう》

衣更《ころもかえ》て坐《すわ》つ《（つ）》て見《み》てもひとりかな　一茶《いっさ》

湖《うみ》わたる風《かぜ》はなにいろ更衣《ころもがえ》　黒田杏子《くろだももこ》

スカートの丈《たけ》を気《き》にして更衣《ころもがえ》　太田美穂《おおたみほ》（中2）

※14 安《やす》けさ…安《やす》らかなこと。

【新茶《しんちゃ》】その年《とし》に芽《め》を出《だ》したお茶《ちゃ》の葉《は》でつくったお茶《ちゃ》を新茶《しんちゃ》といいます。香《かお》りがよく喜《よろこ》ばれます。それに対《たい》して前年《ぜんねん》のお茶《ちゃ》を古茶《こちゃ》と呼《よ》びます。

新茶《しんちゃ》来《き》て小《ちい》さき壺《つぼ》にややあふる　水原秋櫻子《みずはらしゅうおうし》

新茶《しんちゃ》汲《く》むや終《おわ》りの雫《しずく》汲《く》みわけて　杉田久女《すぎたひさじょ》

【豆飯《まめめし》】そら豆《まめ》やグリーンピースなどを炊《た》き込《こ》んで塩味《しおあじ》をつけたごはんのことです。豆《まめ》の緑《みどり》とごはんの白《しろ》さがよくあって美《うつく》しいものです。

すき嫌《きら》ひなくて豆飯豆腐汁《まめめしとうふじる》　高浜虚子《たかはまきょし》

お替《かわ》りをする子《こ》せぬ子《こ》や豆《まめ》の飯《めし》　池上不二子《いけがみふじこ》

【袋掛《ふくろか》け】桃《もも》、梨《なし》、りんご、ぶどうなどのくだものを虫《むし》や風《かぜ》、鳥《とり》などの害《がい》から守《まも》るため青《あお》い実《み》のうちに紙袋《かみぶくろ》をかぶせることで、初夏《しょか》に行《おこ》なわれます。

袋掛《ふくろか》けせしより風《かぜ》の新《あたら》しく　原田青児《はらだせいじ》

袋掛脚立《ふくろかけきゃたつ》ぐらぐらぐらぐらす　木島緋砂子《きじまひさこ》

【代掻《しろか》き】稲《いね》の苗《なえ》を植《う》える前《まえ》の、水《みず》を張《は》った田《た》んぼをトラクターなどでかきおこして、苗《なえ》の成長《せいちょう》をよくするための仕事《しごと》が代掻《しろか》きです。昔《むかし》は牛《うし》や馬《うま》を使《つか》いました。田掻《たか》きともいいます。

代掻《しろか》きの後澄《あとす》む水《みず》に雲《くも》の影《かげ》　篠田悌二郎《しのだていじろう》

田掻牛《たかきうし》身《み》を傾《かたむ》けて力《ちから》出《だ》す　山口誓子《やまぐちせいし》

【田植《たう》え】代掻《しろか》きがすむといよいよ稲《いね》の苗《なえ》を植《う》えますが、これが田植《たう》えです。今《いま》ではたいてい機械《きかい》を使《つか》いますが、昔《むかし》は手《て》で植《う》えました。早《はや》いところでは四月《しがつ》に植《う》えますが、いっぱんに五月《ごがつ》から六月《ろくがつ》にかけて行《おこ》なわれます。

風流《ふうりゅう》のはじめや奥《おく》の田植《たうえ》うた　芭蕉《ばしょう》

田《た》を植《う》ゑるしづかな音《おと》へ出《い》でにけり　中村草田男《なかむらくさたお》

【田草取《たぐさと》り】夏《なつ》の暑《あつ》いさなかに、田《た》んぼで雑草《ざっそう》を取《と》ることをいいます。昔《むかし》はつらい仕事《しごと》でした。今《いま》では除草剤《じょそうざい》が使《つか》われることが多《おお》くなりました。

負《お》うた子《こ》がだだをこねるや田草取《たぐさとり》　一茶《いっさ》

【鵜飼《うかい》】飼《か》いならした鵜《う》を使《つか》って行《おこな》う漁《りょう》の方法《ほうほう》です。鵜《う》にのみ込《こ》ませた鮎《あゆ》を吐《は》かせてとります。鵜《う》を使《つか》う人《ひと》を鵜匠《うじょう》といい、鵜舟《うぶね》の先《さき》に鵜篝《うかがり》と呼《よ》ばれる火《ひ》をたき、その明《あか》るさの中《なか》で夜《よる》に行《おこ》なわれます。岐阜《ぎふ》の長良川《ながらがわ》の鵜飼《うかい》は有名《ゆうめい》です。

おもしろうてやがてかなしき鵜舟《うぶね》哉《かな》　芭蕉《ばしょう》

篝火《かがりび》の金粉《きんぷん》こぼす鵜《う》のまはり　平畑静塔《ひらはたせいとう》

【夏帽子《なつぼうし》】夏《なつ》の日《ひ》ざしや暑《あつ》さを防《ふせ》ぐためにかぶる帽子《ぼうし》です。麦藁帽子《むぎわらぼうし》やパナマ帽《ぼう》などがそうで、夏帽《なつぼう》ともいいます。

わが夏帽《なつぼう》どこまで転《ころ》べども故郷《こきょう》　寺山修司《てらやましゅうじ》

夏帽子《なつぼうし》脱《ぬ》いで頭《づ》で割《わ》る茹玉子《ゆでたまご》　長嶺千晶《ながみねちあき》

【日傘《ひがさ》】夏《なつ》の強《つよ》い日《ひ》ざしを避《さ》けるために使《つか》われる傘《かさ》のことで、たいてい女性《じょせい》が使《つか》います。パラソルともいいます。

潮風《しおかぜ》にはばたく日傘《ひがさ》ひらきけり　西村和子《にしむらかずこ》

砂丘《さきゅう》ゆくパラソルの色海《いろうみ》の色《いろ》　藤崎久《ふじさきひさ》を

うかい

【団扇《うちわ》】あおいで風《かぜ》を起《おこ》す道具《どうぐ》で、竹《たけ》の骨《ほね》に紙《かみ》を張《は》って柄《え》をつけてあります。

暫《しば》くは暑《あつ》き風《かぜ》来《く》る団扇《うちわ》かな　星野立子《ほしのたつこ》

【冷房《れいぼう》】クーラーなどで室内《しつない》や車内《しゃない》の温度《おんど》を下《さ》げ、涼《すず》しくすることです。

クーラーのとまりぶつぶつ何《なに》か言《い》ふ　石原八束《いしはらやつか》

姉妹《きょうだい》の小《ち》さきいさかひ※15冷房車《れいぼうしゃ》　白井富子《しらいとみこ》

【扇風機《せんぷうき》】暑《あつ》さをしのぐために羽《はね》を回《まわ》して風《かぜ》を起《お》こす電化製品《でんかせいひん》です。

扇風器《せんぷうき》大《おお》き翼《つばさ》をやすめたり　山口誓子《やまぐちせいし》

【蚊帳《かや》】蚊《か》を防《ふせ》ぐために寝床《ねどこ》をおおう幕《まく》のようなものです。麻《あさ》や木綿《もめん》などでできています。殺虫剤《さっちゅうざい》の普及《ふきゅう》であまり見《み》られなくなりましたが、最近《さいきん》また見直《みなお》されています。

白蚊帳《しろがや》のしづかなたるみ覚《さ》めにけり　大野林火《おおのりんか》

蚊帳《かや》揺《ゆ》れてふるさとの星《ほし》みな動《うご》く　中川美亀《なかがわみき》

※15 **いさかひ《い》**…けんかのこと。

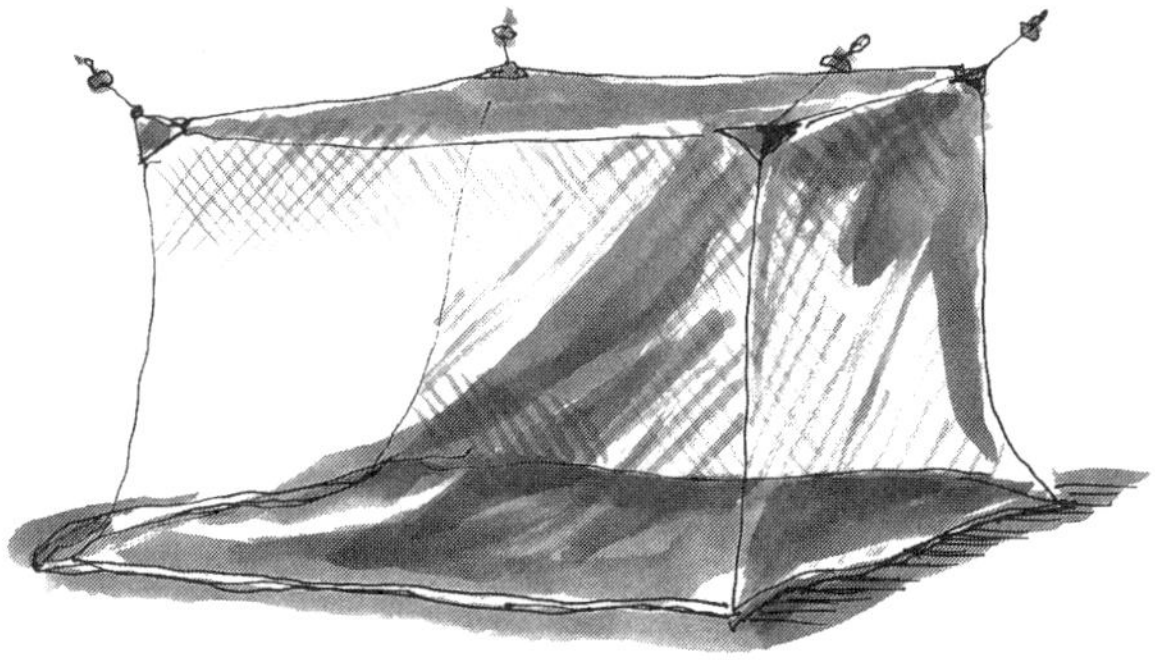

【サングラス】レンズに色《いろ》のついた眼鏡《めがね》のことで、本来《ほんらい》は夏《なつ》の強《つよ》い紫外線《しがいせん》から目《め》を守《まも》るためのものですが、おしゃれのためにもします。

沖雲《おきぐも》の白《しろ》きは白《しろ》しサングラス　瀧《たき》 春一《しゅんいち》

人去《ひとさ》りていよいよ黒《くろ》しサングラス　海津《かいづ》篤子《あつこ》

【汗《あせ》】夏《なつ》は暑《あつ》さのため、よく汗《あせ》をかきます。大粒《おおつぶ》でしたたるように出《で》る汗《あせ》を玉《たま》の汗《あせ》といいます。

居《い》ながらに汗《あせ》の流《なが》るる日《ひ》なりけり　池内《いけのうち》たけし

【シャワー】夏《なつ》は汗《あせ》をかくことが多《おお》いのでシャワーを使《つか》うことが多《おお》くなります。

息《いき》つめてシャワーを浴《あ》びる海《うみ》の虹《にじ》　中島《なかじま》斌雄《たけお》

【髪洗《かみあら》う】夏《なつ》は、たびたび髪《かみ》を洗《あら》います。さっぱりと爽快感《そうかいかん》があります。

せつせつと眼《め》まで濡《ぬ》らして髪洗《かみあら》ふ　野澤《のざわ》節子《せつこ》

砂漠《さばく》より戻《もど》りし髪《かみ》を洗《あら》ひけり　藺草《いぐさ》慶子《けいこ》

【釣堀《つりぼり》】池《いけ》や堀《ほり》に鯉《こい》や鮒《ふな》などを放《はな》しておき、料金《りょうきん》を取《と》って釣《つ》らせる場所《ばしょ》です。夏《なつ》には人出《ひとで》が多《おお》くなります。

釣堀《つりぼり》がこんなところに雨《あめ》の旗《はた》　石川桂郎《いしかわけいろう》

【噴水《ふんすい》】公園《こうえん》や庭《にわ》などにつくられた水《みず》を噴《ふ》き上《あ》げる装置《そうち》のことです。いかにも涼《すず》しげなので夏《なつ》の季節《きせつ》を感《かん》じます。

噴水《ふんすい》のしぶけり四方《よも》※16に風《かぜ》の街《まち》　石田波郷《いしだはきょう》

【涼《すず》み】夏《なつ》に涼《すず》しさを求《もと》めて、水辺《みずべ》や木陰《こかげ》などの場所《ばしょ》を選《えら》んでくつろぐことで、夕涼《ゆうすず》み、夜涼《よすず》みなどともいい、舟《ふね》を出《だ》して涼《すず》む涼《すず》み舟《ぶね》もあります。また、家《いえ》の縁《えん》先《さき》で涼《すず》むことを端居《はしい》といいます。

おこし絵《え》※17に灯《ひ》をともしけり夕涼《ゆうすずみ》　正岡子規《まさおかしき》

涼《すず》み船《ぶね》街《まち》は影絵《かげえ》のごとく過《す》ぐ　樋口寿美子《ひぐちすみこ》

娘《こ》を呼《よ》べば猫《ねこ》が来《き》たりし端居《はしい》かな　五十嵐播水《いがらしばんすい》

※16　**四方《よも》**…まわり全部《ぜんぶ》。

※17　**おこし絵《え》**…物語《ものがたり》の場面《ばめん》や景色《けしき》などを厚《あつ》い紙《かみ》に描《か》き、切《き》りぬいて立《た》てて見《み》せる遊《あそ》び。昔《むかし》は夏《なつ》に縁先《えんさき》などで、おこし絵《え》にろうそくや豆電球《まめでんきゅう》などをともして楽《たの》しみました。

【昼寝《ひるね》】夏《なつ》は、暑《あつ》さのために夜《よる》が寝苦《ねぐる》しいので、昼間《ひるま》に寝《ね》て睡眠《すいみん》をおぎないます。

ひやひやと壁《かべ》をふまへ《え》て昼寝哉《ひるねかな》　芭蕉《ばしょう》

【裸《はだか》】夏《なつ》は暑《あつ》いのではだかになってくつろいだり、水遊《みずあそ》びをすることが多《おお》くなります。裸《はだか》で遊《あそ》ぶ子《こ》どもたちを裸子《はだかご》といいます。

道問《みちと》へ《え》ば路地《ろじ》に裸子《はだかご》充満《じゅうまん》す　加藤楸邨《かとうしゅうそん》

【打《う》ち水《みず》】夏《なつ》の午後《ごご》や夕方《ゆうがた》に、暑《あつ》さやほこりが立《た》つのを防《ふせ》ぐために、庭《にわ》や門《もん》の前《まえ》などに水《みず》をまくことです。水《みず》をまくと涼《すず》しく感《かん》じます。

水《みず》うてや蟬《せみ》も雀《すずめ》もぬるる程《ほど》　其角《きかく》

打水《うちみず》のころがる玉《たま》を見《み》て通《とお》る　飯田蛇笏《いいだだこつ》

【夜濯《よすす》ぎ】夜《よる》に洗濯《せんたく》をすることです。夏《なつ》は、昼間《ひるま》の汗《あせ》で汚《よご》れたものなどを涼《すず》しい夜《よる》に洗濯《せんたく》することが多《おお》くなります。

夜濯《よすすぎ》の音《おと》絶《た》えて又《また》はじまりぬ　高浜虚子《たかはまきょし》

【アイスクリーム】夏《なつ》の冷《つめ》たいお菓子《かし》の一種《いっしゅ》です。アイスキャンデー、ソフトクリームも夏《なつ》の季語《きご》ですが、それらをみんなあわせて氷菓《ひょうか》といいます。

アイスクリームおいしくポプラうつくしく　京極杞陽《きょうごくきよう》

鳩《はと》どつ《(つ)》と翔《た》つ平和像氷菓売《へいわぞうひょうかうり》　酒井鱒吉《さかいますきち》

【かき氷《ごおり》】細《こま》かく削《けず》った氷《こおり》に甘《あま》いシロップをかけた食《た》べ物《もの》です。甘露《かんろ》、イチゴ、メロン、抹茶《まっちゃ》、小豆《あずき》などがあります。氷水《こおりみず》、夏氷《なつごおり》、削氷《けずりひ》ともいいます。

匙《さじ》なめて童《わらべ》たのしも夏氷《なつごおり》　山口誓子《やまぐちせいし》

子《こ》が食《た》べて母《はは》が見《み》てゐ《い》るかき氷《ごおり》　森《もり》　澄雄《すみお》

【ところてん】海草《かいそう》のてん草《ぐさ》を煮溶《にと》かして固《かた》めたものです。冷《ひ》やして、ところてん突《つ》きで細長《ほそなが》く突《つ》き出《だ》し、酢《す》じょう油《ゆ》や蜜《みつ》をかけて食《た》べます。

ところてん煙《けむり》のごとく沈《しず》みをを《お》り　日野草城《ひのそうじょう》

かきごおり

【ラムネ】炭酸水《たんさんすい》に砂糖《さとう》と香料《こうりょう》を加《くわ》えた清涼飲料水《せいりょういんりょうすい》です。飲《の》み終《お》わったあと、びんの中《なか》のガラス玉《だま》を鳴《な》らして遊《あそ》ぶのも楽《たの》しいものです。

れ《レ》つ《(ツ)》て《テ》る《ル》の濡《ぬ》れてはがれしラムネかな　久保田万太郎《くぼたまんたろう》

ラムネのむ泡《あわ》くちびるをはじくなり　篠原《しのはら》　梵《ぼん》

【葛餅《くずもち》】植物《しょくぶつ》のクズの根《ね》からとった粉《こな》でつくった和菓子《わがし》です。黄《き》な粉《こ》と黒蜜《くろみつ》をかけて食《た》べます。

葛餅《くずもち》や老《お》いたる母《はは》の機嫌《きげん》よく　小杉余子《こすぎよし》

【風鈴《ふうりん》】鉄《てつ》やガラス、陶器《とうき》などでつくられた鈴《すず》です。風《かぜ》で鳴《な》るように、軒下《のきした》につるします。その音色《ねいろ》は、ひととき暑《あつ》さを忘《わす》れさせてくれます。

風鈴《ふうりん》や暗闇《くらやみ》がよく見《み》える人《ひと》　岸本尚毅《きしもとなおき》

【吊《つ》り忍《しのぶ》】シノブというシダ植物《しょくぶつ》を、さまざまな形《かたち》につくって軒下《のきした》につるし、水《みず》やりのあとのしたたりや青々《あおあお》とした葉《は》の涼《すず》しげなようすを楽《たの》しむものです。

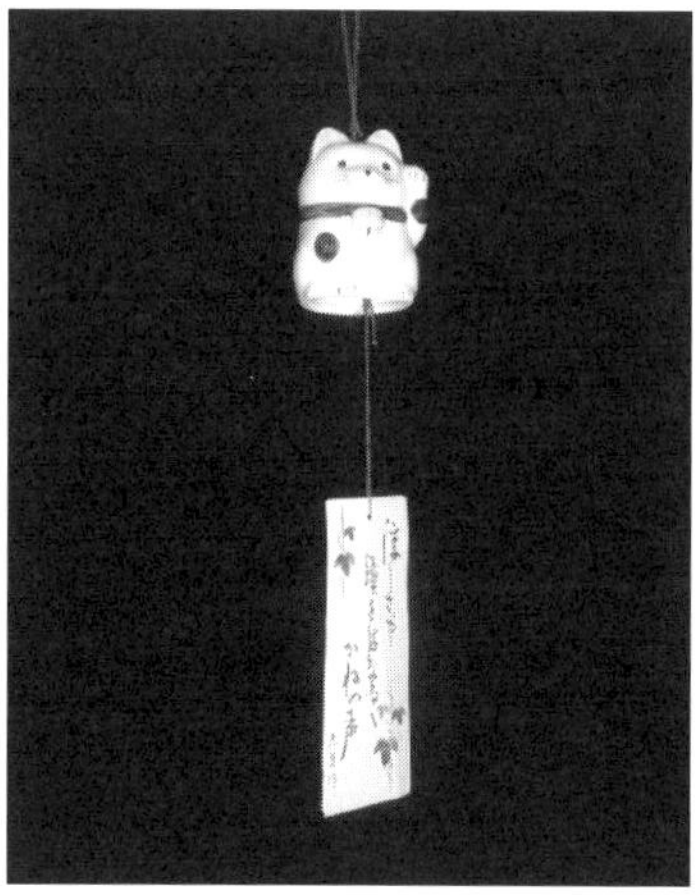

つりしのぶ越《こ》して来《く》るなりもらひ《い》けり　久保田万太郎《くぼたまんたろう》

子《こ》を海《うみ》にやりて幾夜《いくよ》やつりしのぶ　安住《あずみ》 敦《あつし》

【青《あお》すだれ】青竹《あおだけ》を細《ほそ》く割《わ》って編《あ》んだすだれです。窓《まど》などにかけると、風通《かぜとお》しもよく、見《み》た目《め》にも涼《すず》しそうです。竹《たけ》すだれともいいます。

黒猫《くろねこ》のさし覗《のぞ》きけり青簾《あおすだれ》　泉《いずみ》 鏡花《きょうか》

【暑気払《しょきばら》い】お酒《さけ》や薬《くすり》を飲《の》んだり、栄養《えいよう》のあるものを食《た》べて夏《なつ》の暑《あつ》さに負《ま》けないようにすることです。

大粒《おおつぶ》の梅干《うめぼし》ひとつ暑気払《しょきばら》ひ《い》　福田甲子雄《ふくだきねお》

【香水《こうすい》】汗《あせ》のにおいなどを消《け》すために使《つか》う化粧品《けしょうひん》の一《ひと》つです。動物《どうぶつ》や植物《しょくぶつ》から取《と》り出《だ》した香料《こうりょう》にアルコールを加《くわ》えてつくります。

香水《こうすい》をひとふりくよくよしてを《お》れず　菖蒲《しょうぶ》あや

【天瓜粉《てんかふん》】キカラスウリの根《ね》からとったでんぷんで、子《こ》どものあせもの予防《よぼう》に使《つか》うものです。今《いま》は、ベビーパウダーを使《つか》うことが多《おお》くなりました。

天瓜粉《てんかふん》しんじつ※18吾子《あこ》※3は無一物《むいちぶつ》※19　鷹羽狩行《たかはしゅぎょう》

【浴衣《ゆかた》】夏《なつ》に着《き》る木綿《もめん》の着物《きもの》です。今《いま》では、お祭《まつ》りや花火見物《はなびけんぶつ》などにも着用《ちゃくよう》されますが、昔《むかし》は入浴《にゅうよく》のときに用《もち》いられました。

四五人《しごにん》の心《こころ》おきなき旅浴衣《たびゆかた》　星野立子《ほしのたつこ》

音《おと》たてて浴衣《ゆかた》に腕通《かいなとお》りけり　新村青幹《にいむらせいかん》

【夏《なつ》やせ】暑《あつ》さに負《ま》けて食欲《しょくよく》がなくなり、やせてしまうことをいいます。

夏痩《なつや》せて嫌《きら》ひなものは嫌《きら》ひなり　三橋鷹女《みつはしたかじょ》

【寝冷《ねび》え】暑《あつ》さのため寝《ね》ているうちに、ふとんをはいだりお腹《なか》を出《だ》すなどして、風邪《かぜ》を引《ひ》いたり、お腹《なか》をこわしたりすることです。

寝冷子《ねびえご》の大《おお》きな瞳《ひとみ》に見送《みおく》られ　橋本多佳子《はしもとたかこ》

※18 **しんじつ**…真実《しんじつ》。ほんとうに。

※3 **吾子《あこ》**…15頁《ページ》参照《さんしょう》。

※19 **無一物《むいちぶつ》**…何《なに》も持《も》っていないこと。

真青《まっさお》な雨《あめ》の櫟《くぬぎ》と寝冷《ねびえ》の子《こ》　神尾季羊《かみおきよう》

【草笛《くさぶえ》】草《くさ》の葉《は》を摘《つ》んで筒《つつ》のようにまるめて吹《ふ》いたり、そのままくちびるに当《あて》て吹《ふ》くと、笛《ふえ》のように鋭《するど》く鳴《な》ります。これを草笛《くさぶえ》といいます。

草笛《くさぶえ》を子《こ》に吹《ふ》く息《いき》の短《みじ》かさよ　馬場移公子《ばばいくこ》

くさぶえはくさそれぞれにおとがある　本橋《もとはし》りの（小2）

【花火《はなび》】花火《はなび》には、打《う》ち上《あ》げ花火《はなび》、仕掛《しか》け花火《はなび》などの大型花火《おおがたはなび》と、線香花火《せんこうはなび》などの小型《こがた》の手花火《てはなび》があります。夏《なつ》に納涼《のうりょう》の行事《ぎょうじ》として行《おこ》なわれます。

ねむりても旅《たび》の花火《はなび》の胸《むね》にひらく　大野林火《おおのりんか》

手花火《てはなび》の煙《けむり》もくもく面白《おもしろ》や　川崎展宏《かわさきてんこう》

【夜店《よみせ》】お祭《まつ》りや寺社《じしゃ》の縁日《えんにち》の夜《よる》に出《で》る露天《ろてん》のお店《みせ》です。金魚《きんぎょ》すくいやヨーヨー釣《つ》り、たこ焼《や》き、焼《や》きそば、綿《わた》あめなどの屋台《やたい》がたくさん並《なら》びます。

売《う》られゆくうさぎ匂《にお》へる夜店《よみせ》かな　五所平之助《ごしょへいのすけ》

少年《しょうねん》の時間《じかん》の余《あま》る夜店《よみせ》かな　山根真矢《やまねまや》

【キャンプ】山《やま》や高原《こうげん》、河原《かわら》などにテントを張《は》って寝泊《ねとま》りすることをいいます。

キャンプ張《は》る男言葉《おとここことば》を投《な》げ合《あ》ひて　岡本《おかもと》　眸《ひとみ》

【登山《とざん》】ほかの季節《きせつ》に比《くら》べ、夏《なつ》は天候《てんこう》が安定《あんてい》し危険《きけん》の度合《どあい》も少《すく》なく、しかも比較《ひかく》的軽装《てきけいそう》でも登《のぼ》れるため、登山《とざん》に適《てき》しています。

山《やま》に登《のぼ》れば淋《さび》しい村《むら》がみんな見《み》える　尾崎放哉《おざきほうさい》

登山道《とざんどう》なかなか高《たか》くなつ《（っ）》て来《こ》ず　阿波野青畝《あわのせいほ》

【水泳《すいえい》】夏《なつ》は水泳《すいえい》のシーズンです。泳《およ》ぎ、クロール、平泳《ひらおよ》ぎなども季語《きご》です。

愛《あい》されずして沖遠《おきとお》く泳《およ》ぐなり　藤田湘子《ふじたしょうし》

告白《こくはく》を始《はじ》める息《いき》をして泳《およ》ぐ　対馬康子《つしまやすこ》

泳《およ》ぎ来《き》て果実《かじつ》のやうな言葉《ことば》投《な》ぐ　黛《まゆずみ》まどか

【プール】泳《およ》ぐために人工的《じんこうてき》につくられた施設《しせつ》です。屋内《おくない》、屋外《おくがい》とあります。

ピストルがプールの硬《かた》き面《も》にひびき　山口誓子《やまぐちせいし》

風《かぜ》の樹々《きぎ》プールの子《こ》らに騒《さわ》ぎ添《そ》ふ　石田波郷《いしだはきょう》

【水着《みずぎ》】泳《およ》ぐときに着《き》る水着《みずぎ》も夏《なつ》の季語《きご》です。

吾子《あこ》※3やいま水着少女《みずぎしょうじょ》となりて跳《と》ぶ　大串《おおぐし》 章《あきら》

【水遊《みずあそ》び】川《かわ》や海《うみ》、人工《じんこう》の渚《なぎさ》や公園《こうえん》などの水辺《みずべ》、または家庭《かてい》の庭先《にわさき》などで水《みず》を使《つか》って遊《あそ》ぶことをいいます。

水遊《みずあそ》びとはだんだんに濡《ぬ》れること　後藤比奈夫《ごとうひなお》

【ボート】オールでこいで進《すす》む舟《ふね》のことをいいますが、モーターボートやペダル式《しき》のものもあります。

貸《かし》ボート旗赤《はたあか》ければ空青《そらあお》く　竹下《たけした》しづの女《じょ》

身《み》を叩《たた》きつけてモーターボート航《ゆ》く　鷹津冬弘《たかつふゆひろ》

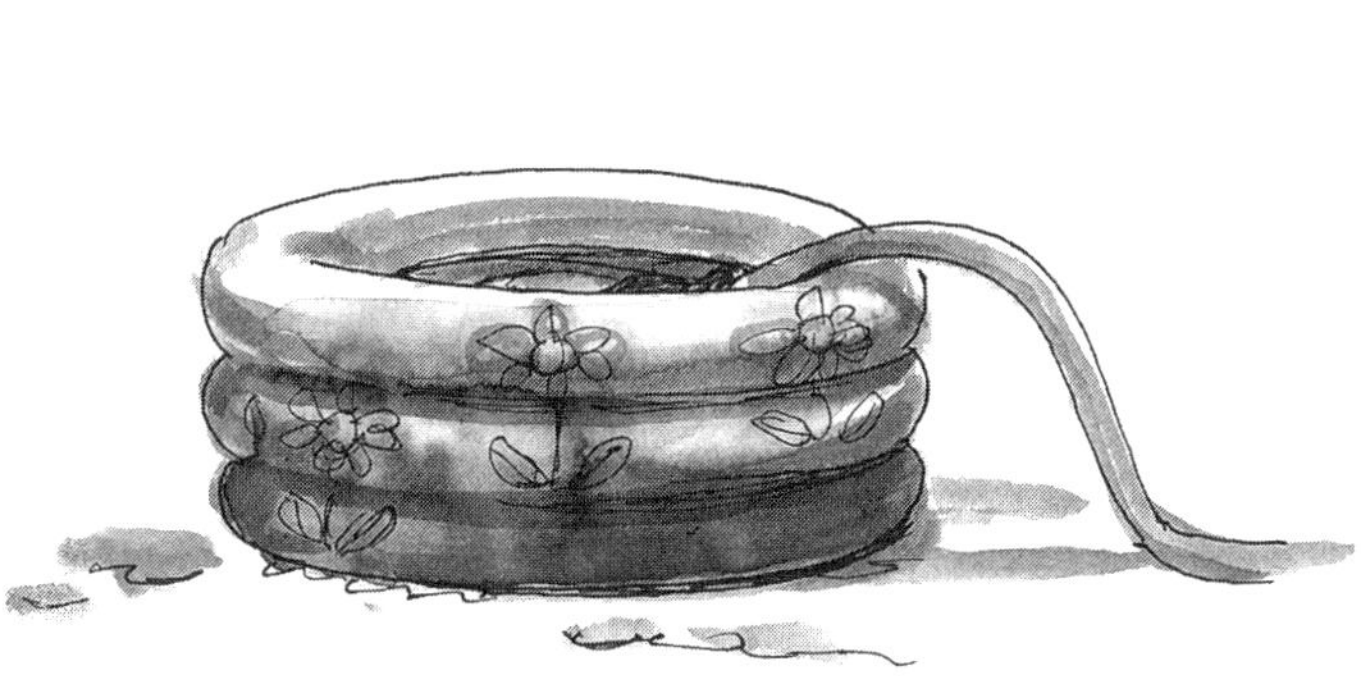

【ヨット】風《かぜ》に帆《ほ》を張《は》り、舵《かじ》を操作《そうさ》して走《はし》る小型《こがた》の船《ふね》です。中《なか》にはエンジンを持《も》つものもあります。青々《あおあお》とつづく海原《うなばら》を、白《しろ》い帆《ほ》を張《は》って疾走《しっそう》してゆくさまは爽快感満点《そうかいかんまんてん》です。

港出《みなとで》てヨット淋《さび》しくなりにゆく　後藤比奈夫《ごとうひなお》

【端午《たんご》】五月五日《ごがついつか》の男子《だんし》の節句《せっく》です。しょうぶやよもぎを軒《のき》にさして邪気《じゃき》をはらい、のぼりを立《た》てて子供《こども》の成長《せいちょう》と無事《ぶじ》を祈《いの》り、この日《ひ》を祝《いわ》います。もともとは中国《ちゅうごく》の風習《ふうしゅう》で、五月五日《ごがついつか》は立夏《りっか》の前《まえ》のこともありますが、旧暦《きゅうれき》では六月《ろくがつ》の行事《ぎょうじ》なので、夏《なつ》の季語《きご》になっています。

坂《さか》の上《うえ》は風吹《かぜふ》いてゐる端午《たんご》かな　草間時彦《くさまときひこ》

竹割《たけわ》つ《（つ）》て竹《たけ》の匂《にお》ひの端午《たんご》かな　木内彰志《きうちしょうし》

【ちまき】もち米《ごめ》や米《こめ》の粉《こな》を、笹《ささ》の葉《は》、竹《たけ》の葉《は》などで包《つつ》み蒸《む》し上《あ》げたものです。邪気《じゃき》をはらうといわれ、端午《たんご》の節句《せっく》につくって食《た》べる習慣《しゅうかん》があります。昔《むかし》は※20茅《かや》（ち）の葉《は》でまいたのでちまきといわれるようになりました。

一《ひと》つづつ分《わ》けて粽《ちまき》のわれになし　石川桂郎《いしかわけいろう》

結《むす》び目《め》のまだ濡《ぬ》れてゐる粽《ちまき》かな　山崎《やまざき》ひさを

ちまき

※20 **茅《かや》**…チガヤ、スゲ、ススキなどの植物《しょくぶつ》のこと。

【鯉《こい》のぼり】端午《たんご》の節句《せっく》に戸外《こがい》に立《た》てる鯉《こい》の形《かたち》をしたのぼりです。吹流《ふきなが》しとともに立《た》てます。

雀《すずめ》らも海《うみ》かけて飛《と》べ吹流《ふきなが》し　石田波郷《いしだはきょう》

鯉《こい》のぼり目玉《めだま》大《おお》きく降《お》ろさるる　上村占魚《うえむらせんぎょ》

【しょうぶ湯《ゆ》】しょうぶの葉《は》を入《い》れて沸《わ》かした風呂《ふろ》です。端午《たんご》の節句《せっく》に入《はい》ります。邪気《じゃき》をはらい、身《み》をきよめるといわれています。

さう《しょう》ぶ湯《ゆ》やさう《しょう》ぶ寄《よ》りくる乳《ち》のあたり　白雄《しらお》

【こどもの日《ひ》】五月五日《ごがついつか》の端午《たんご》の節句《せっく》をこどもの日《ひ》として、昭和二十三年《しょうわにじゅうさんねん》に定《さだ》められた国民《こくみん》の祝日《しゅくじつ》です。

こどもの日《ひ》小《ちい》さくなりし靴《くつ》いくつ　林《はやし》翔《しょう》

子供《こども》の日《ひ》すべり台《だい》よくすべりけり　成瀬櫻桃子《なるせおうとうし》

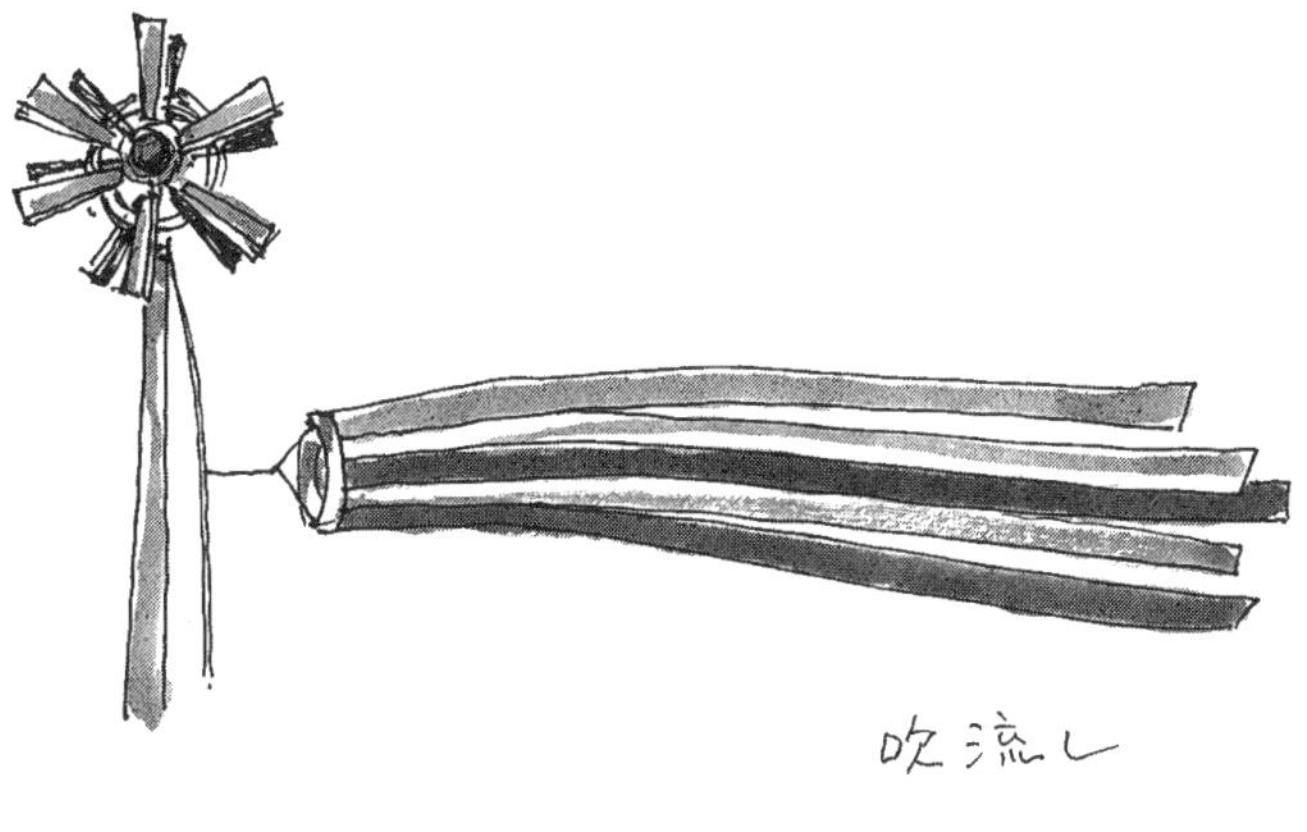

【母《はは》の日《ひ》】五月《ごがつ》の第二日曜日《だいににちようび》です。母《はは》に感謝《かんしゃ》を捧《ささ》げる日《ひ》です。アメリカではじまりましたが、第二次大戦後日本《だいにじたいせんごにっぽん》にも定着《ていちゃく》しました。この日《ひ》、カーネーションを母《はは》におくる習慣《しゅうかん》があります。

母《はは》の日《ひ》の写真嫌《しゃしんぎら》いの母《はは》を撮《と》る　室生幸太郎《むろうこうたろう》

【父《ちち》の日《ひ》】六月《ろくがつ》の第三日曜日《だいさんにちようび》です。父《ちち》に感謝《かんしゃ》を捧《ささ》げる日《ひ》で、アメリカではじまりました。

深《ふか》く深《ふか》くプールに潜《もぐ》り父《ちち》の日《ひ》よ　林《はやし》　誠司《せいじ》

【祭《まつり》】夏《なつ》に行《おこ》なわれる神社《じんじゃ》の祭礼《さいれい》です。夏場《なつば》は、疫病《えきびょう》や稲《いね》の虫害《ちゅうがい》、風水害《ふうすいがい》などが昔《むかし》から人々《ひとびと》を苦《くる》しめてきました。それらのわざわいから逃《のが》れるために、神社《じんじゃ》の信仰《しんこう》にたよったことが起源《きげん》だといわれています。それが、地方《ちほう》の風習《ふうしゅう》や信仰《しんこう》と結《むす》びついてさまざまな夏祭《なつまつり》となりました。祭笛《まつりぶえ》、祭足袋《まつりたび》などの使《つか》いかたもあります。

草《くさ》の雨祭《あめまつり》の車過《くるますぎ》てのち　蕪村《ぶそん》

三人《さんにん》の斜《なな》めの顔《かお》や祭笛《まつりぶえ》　高野素十《たかのすじゅう》

神田川祭《かんだがわまつり》の中《なか》をながれけり　久保田万太郎《くぼたまんたろう》

男《おとこ》らの汚《よご》れるまへ《え》の祭足袋《まつりたび》　飯島晴子《いいじまはるこ》

年上《としうえ》の子《こ》を呼《よ》び捨《す》てに祭《まつり》の子《こ》　岩田由美《いわたゆみ》

お祭《まつ》りの約束《やくそく》している更衣室《こういしつ》　海津光太郎《かいつこうたろう》（小5）

【朝顔市《あさがおいち》】毎年《まいとし》七月六日《しちがつむいか》から八日《ようか》までの三日間《みっかかん》、東京入谷《とうきょういりや》の鬼子母神《きしもじん》境内《けいだい》に立《た》つ朝顔《あさがお》を売《う》る市《いち》です。

明《あ》け方《がた》の雨《あめ》の白《しろ》さや朝顔市《あさがおいち》　菖蒲《しょうぶ》あや

【ほおずき市《いち》】七月九日《しちがつここのか》、十日《とおか》、東京浅草《とうきょうあさくさ》の浅草寺《せんそうじ》の境内《けいだい》に立《た》つほおずきを売《う》る市《いち》です。また、七月十日《しちがつとおか》は観音様《かんのんさま》の縁日《えんにち》で、この日《ひ》にお参《まい》りすると四万六千日分《よんまんろくせんにちぶん》のご利益《りやく》があるといわれています。四万六千日《しまんろくせんにち》ともいいます。

また少《すこ》しこぼれて鬼灯市《ほおずきいち》の雨《あめ》　村沢夏風《むらさわかふう》

四万六千日《しまんろくせんにち》ももいろの鳩《はと》の足《あし》　石田郷子《いしだきょうこ》

ほおずき

【夏越《なご》し】一年《いちねん》の半分《はんぶん》を終《お》えた六月《ろくがつ》の晦日《みそか》（最後《さいご》の日《ひ》）を夏越《なご》しといい、各神社《かくじんじゃ》ではらいの神事《しんじ》が行《おこ》なわれます。半年《はんとし》のけがれを人形《ひとがた》や形代《かたしろ》に移《うつ》しとり川《かわ》に流《なが》したり、茅《かや》でつくった大《おお》きな輪《わ》（茅《ち》の輪《わ》）をくぐったりしてはらいを行《おこ》ないます。月《つき》おくれの七月《しちがつ》の晦日《みそか》に行《おこ》なうところもあります。大《おお》はらえ、夏越《なご》しのはらえともいいます。

樹《き》の洞《うろ》に蛇《へび》の入《い》りゆく夏祓《なつはらえ》　　福田甲子雄《ふくだきねお》

神官《しんかん》のごわごわくぐる茅《ち》の輪《わ》かな　　蓬田紀枝子《よもぎだきえこ》

夕空《ゆうぞら》を白馬《はくば》曳《ひ》かるる夏越《なごし》かな　　吉本伊智朗《よしもといちろう》

白《しろ》に白重《しろかさ》ね形代《かたしろ》納《おさ》めけり　　落合水尾《おちあいすいび》

【川開《かわびら》き】七月《しちがつ》下旬《げじゅん》から八月《はちがつ》上旬《じょうじゅん》にかけて、各地《かくち》の大《おお》きな川《かわ》で行《おこ》なわれる納涼開《のうりょうかい》始《し》の行事《ぎょうじ》です。花火大会《はなびたいかい》などが行《おこ》なわれます。特《とく》に、両国《りょうごく》の川開《かわびら》きは有名《ゆうめい》で、隅《すみ》田川《だがわ》の花火大会《はなびたいかい》として江戸時代《えどじだい》から今《いま》に続《つづ》いています。

夕飯《ゆうめし》や花火《はなび》聞《きこ》ゆる川開《かわびらき》　　正岡子規《まさおかしき》

【山開《やまびら》き】山《やま》によって異《こと》なりますが、入山《にゅうざん》が許《ゆる》される日《ひ》です。登山《とざん》の安全《あんぜん》を祈《いの》って行事《ぎょうじ》が行《おこ》なわれます。富士山《ふじさん》は七月《しちがつ》一日《ついたち》、北《きた》アルプスは六月《ろくがつ》の第《だい》一日曜日《にちようび》と決《き》まっています。

大祓式人形

山彦《やまびこ》の待《ま》ちかまへゐし山開《やまびら》き　木内怜子《きうちれいこ》

【海開《うみびら》き】海水浴場《かいすいよくじょう》を一般《いっぱん》に開放《かいほう》する日《ひ》です。海《うみ》での安全《あんぜん》を祈願《きがん》します。七月一日《しちがつついたち》に行《おこ》なうところが多《おお》いようです。

海開《うみびら》きなど思《おも》ひつつ遠《とお》くあり　石塚友二《いしづかともじ》

【夏休《なつやす》み】夏《なつ》のいちばん暑《あつ》い時期《じき》、学校《がっこう》を休校《きゅうこう》にして授業《じゅぎょう》を休《やす》むことをいいます。関東《かんとう》より南《みなみ》ではだいたい七月下旬《しちがつげじゅん》から八月《はちがつ》いっぱい、北《きた》では八月《はちがつ》なかばぐらいまでを休《やす》みとします。会社《かいしゃ》や役所《やくしょ》でも数日間《すうじつかん》の休《やす》みをとります。

大《おお》きな木《き》大《おお》きな木陰《こかげ》夏休《なつやす》み　宇多喜代子《うだきよこ》

旅終《たびお》へてよりB面《ビーめん》の夏休《なつやすみ》　黛《まゆずみ》まどか

父《ちち》と子《こ》の密談《みつだん》の朝夏休《あさなつやす》み　海津篤子《かいづあつこ》

【こうもり】日暮《ひぐ》れになると出没《しゅつぼつ》して、さかんに飛《と》びまわり、蚊《か》などの虫《むし》を食《た》べる哺乳類《ほにゅうるい》の動物《どうぶつ》です。指《ゆび》の間《あいだ》に、つばさのような膜《まく》があって、昼間《ひるま》は暗《くら》い洞《どう》くつや、ときには屋根裏《やねうら》などに後《うし》ろあしでぶらさがり、頭《あたま》をかくして眠《ねむ》ります。別名《べつめい》を蚊喰鳥《かくいどり》と呼《よ》びますが、鳥《とり》ではありません。

蝙蝠《こうもり》に暮《く》れゆく水《みず》の広《ひろ》さかな　高浜虚子《たかはまきょし》

【雨蛙《あまがえる》】田《た》などにいる蛙《かえる》とちがって木《き》の葉《は》や低《ひく》い枝《えだ》にとまって、雨《あめ》が降《ふ》りだしそうになってきたときによく鳴《な》く小《ちい》さなかわいい蛙《かえる》のことです。葉《は》の上《うえ》では緑色《みどりいろ》をしていても木《き》の幹《みき》や土《つち》の上《うえ》ではたちまち茶色《ちゃいろ》に変《か》わる保護色《ほごしょく》が特徴《とくちょう》です。青《あお》蛙《がえる》、枝蛙《えだかわず》ともいいます。

青蛙《あおがえる》おのれもペンキぬりたてか　芥川龍之介《あくたがわりゅうのすけ》
掌《て》にのせて冷《つめ》たきものや雨蛙《あまがえる》　太田鴻村《おおたこうそん》
朴《ほお》の葉《は》にころがる雨《あめ》や枝蛙《えだかわず》　木津柳芽《きづりゅうが》

【ひきがえる】がまがえるともいわれ、日本《にほん》にすむ蛙《かえる》の中《なか》ではいちばん大《おお》きい蛙《かえる》です。肥《こ》えていて背《せ》にいぼがあり、のそのそと歩《ある》くかっこうはあまりよくありませんが、夕方《ゆうがた》になると床下《ゆかした》や草《くさ》むらから出《で》てきて蚊《か》やみみずを食《た》べる、おとなしい蛙《かえる》です。

青ガエル

だぶだぶの皮《かわ》のなかなる蟇《ひきがえる》　長谷川《はせがわ》　櫂《かい》

【とかげ】石垣《いしがき》のすき間《ま》でじっとしていたり、草《くさ》むらや石《いし》の上《うえ》をすばしこく走《はし》り去《さ》るのをよく見《み》かける、十五《じゅうご》センチぐらいの艶《つや》の美《うつく》しいは虫類《ちゅうるい》です。体長《たいちょう》の半《はん》分《ぶん》くらいある尾《お》は切《き》れやすくできていますが、またすぐ生《は》えてきます。

木洩日《こもれび》のあればとどまる蜥蜴《とかげ》かな　後藤夜半《ごとうやはん》

【蛇《へび》】長細《ながほそ》くてあしを持《も》たないは虫類《ちゅうるい》です。冬眠《とうみん》をしたあと、穴《あな》を出《で》てきて、蛙《かえる》やねずみなどを食《た》べ、夏《なつ》には脱皮《だっぴ》をして成長《せいちょう》します。

蛇《へび》逃《に》げて我《われ》を見《み》し眼《め》の草《くさ》に残《のこ》る　高浜虚子《たかはまきょし》

全長《ぜんちょう》のさだまりて蛇《へび》すすむなり　山口誓子《やまぐちせいし》

【羽《は》抜《ぬ》け鳥《どり》】夏《なつ》に羽《はね》の抜《ぬ》けかわる鶏《にわとり》のことをいいます。全身《ぜんしん》をよそおう羽《はね》が抜《ぬ》けたり乱《みだ》れたりしている姿《すがた》は、見《み》るからにみすぼらしくあわれを感《かん》じます。

美《うつく》しき影《かげ》の駆《か》けゆく羽抜鶏《はぬけどり》　秋元不死男《あきもとふじお》

石段《いしだん》を見《み》てゐ《い》る雨《あめ》の羽《は》抜《ぬけ》鶏《どり》　小浜杜子男《こはまとしお》

とかげ

【ほととぎす】初夏《しょか》、南《みなみ》の方《ほう》から日本《にっぽん》にやってくる渡《わた》り鳥《どり》で、その鳴《な》き声《ごえ》は「テッペンカケタカ」「特許許可局《とっきょきょかきょく》」というように聞《き》こえ、古《ふる》くから詩歌《しいか》に詠《よ》まれてきました。巣《す》をつくらず、卵《たまご》をうぐいすの巣《す》などに産《う》んでひなをその巣《す》の親《おや》に育《そだ》ててもらう習性《しゅうせい》があります。夏《なつ》の山《やま》や高原《こうげん》で、昼《ひる》だけでなく夜《よる》も、よく鳴《な》いています。

野《の》を横《よこ》に馬《うま》牽《ひき》むけよほととぎす　芭蕉《ばしょう》

谺《こだま》して山《やま》ほととぎすほしいまま　杉田久女《すぎたひさじょ》

【かっこう】夏《なつ》に日本《にほん》にやって来《く》る渡《わた》り鳥《どり》で、カッコウカッコウという鳴《な》き声《ごえ》で親《した》しまれています。ほととぎすと同《おな》じように、卵《たまご》をほかの鳥《とり》の巣《す》に託《たく》す習性《しゅうせい》を持《も》っています。閑古鳥《かんこどり》とも呼《よ》ばれています。

あるけばかつ《（っ）》こういそげばかつ《（っ）》こう　種田山頭火《たねださんとうか》

日《め》開《ひら》けば海《うみ》目《め》つむれば閑古鳥《かんこどり》　飯田龍太《いいだりゅうた》

郭公《かっこう》の声《こえ》のしづ《ず》くのいつまでも　草間時彦《くさまときひこ》

【つばめの子《こ》】春《はる》から夏《なつ》にかけて、つばめは二回《にかい》、数羽《すうわ》ずつひなを育《そだ》てます。巣《す》の中《なか》で頭《あたま》を並《なら》べて、親《おや》つばめが運《はこ》んでくるえさを待《ま》つすがたはほほえましいものです。ふ化《か》してから三週間《さんしゅうかん》ぐらいで巣立《すだ》ちます。

つばめのこ

花《はな》の如《ごと》き口《くち》をあけたり燕《つばめ》の子《こ》　青木月斗《あおきげっと》

燕《つばめ》の子《こ》いたしかたなく待《ま》つ《(っ)》てゐ《い》る　津高里永子《つたかりえこ》

【鮎《あゆ》】姿《すがた》が美《うつく》しく、味《あじ》も上品《じょうひん》な魚《さかな》です。川《かわ》でふ化《か》した稚魚《ちぎょ》は海《うみ》で過《す》ごし、春《はる》に川《かわ》をさかのぼり、秋《あき》に産卵《さんらん》をするため川《かわ》を下《くだ》ります。川底《かわぞこ》の石《いし》につく藻《も》を食《た》べて育《そだ》つのできれいな川《かわ》でないと生《い》きられません。毎年六月《まいとしろくがつ》ごろになると鮎釣《あゆつ》りが許《ゆる》されます。一《いち》、二年《にねん》の寿命《じゅみょう》なので、年魚《ねんぎょ》とも呼《よ》ばれます。

ふるさとはよし夕月《ゆうづき》と鮎《あゆ》の香《か》と　桂《かつら》信子《のぶこ》

鮎帰《あゆかえ》る山河《さんが》みどりを尽《つく》しけり　福田甲子雄《ふくだきねお》

【金魚《きんぎょ》】ふなの変種《へんしゅ》として昔《むかし》、中国《ちゅうがく》から輸入《ゆにゅう》された魚《さかな》ですが、いまでは日本《にっぽん》でさまざまな品種《ひんしゅ》が金魚田《きんぎょだ》でつくられ、諸外国《しょがいこく》に輸出《ゆしゅつ》されています。夜店《よみせ》の金魚《きんぎょ》すくい、金魚《きんぎょ》を入《い》れる金魚玉《きんぎょだま》や金魚鉢《きんぎょばち》は夏《なつ》の風物詩《ふうぶつし》です。

金魚大輪夕焼《きんぎょたいりんゆやけ》の空《そら》の如《ごと》きあり　松本《まつもと》たかし

思《おも》ひ《い》出《で》も金魚《きんぎょ》の水《みず》も蒼《そう》を帯《お》びぬ　中村草田男《なかむらくさたお》

ひとの子《こ》をはげます金魚《きんぎょ》すくひ《い》かな　石田《いしだ》いづみ

アユつり

【目高《めだか》】池《いけ》や沼《ぬま》、静《しず》かな川《かわ》などで見《み》られる体長《たいちょう》三《さん》センチほどの眼《め》の大《おお》きな可愛《かわい》い魚《さかな》で、群《む》れをなして泳《およ》ぎます。赤《あか》い目高《めだか》を緋目高《ひめだか》と呼《よ》びます。

緋目高《ひめだか》の小《ちい》さなるほどせはしなや　星野立子《ほしのたつこ》

群《むれ》に入《い》る目高《めだか》素早《すばや》く幸福《こうふく》に　金子兜太《かねことうた》

【火《ひ》取《と》り虫《むし》】夏《なつ》の夜《よる》、電灯《でんとう》や街灯《がいとう》に集《あつ》まってきて、うるさく舞《ま》っている大小《だいしょう》さまざまな虫《むし》、おもに蛾《が》のことをいいます。火蛾《ひが》（ほが）、または灯蛾《とうが》とも呼《よ》ばれ、なかには美《うつく》しいものもあります。

次《つぎ》の間《ま》の灯《ひ》に通《かよ》ひけり灯取《ひと》り虫《むし》　富田木歩《とみたもっぽ》

大《おお》き蛾《が》は大《おお》き円《えん》もて灯《ひ》に迫《せま》る　津田清子《つだきよこ》

【毛虫《けむし》】蝶《ちょう》の幼虫《ようちゅう》にも毛《け》の生《は》えているものがありますが、おもに蛾《が》の幼虫《ようちゅう》のことをいいます。全身《ぜんしん》が毛《け》でおおわれていて、触《ふ》れるとかぶれるものもあるので、あまり人《ひと》に好《す》かれません。卵《たまご》から孵《かえ》るといっせいに葉《は》や茎《くき》を食《た》べるので、害虫《がいちゅう》として焼《や》き殺《ころ》されることもあります。

毛虫《けむし》焼《や》く火《ひ》のめらめらと美《うつく》しき　木下夕爾《きのしたゆうじ》

毛虫《けむし》ゆきぬ毛虫《けむし》の群《むれ》にまじらむ《ん》と　軽部烏頭子《かるべうとうし》

けむし

ぼとぼとと木《き》をゆするたび毛虫落《けむしお》ち　西木《にしき》　彩《あや》（小6）
けむしの木風《きかぜ》でとんでくけむしたち　鈴木佑也《すずきゆうや》（小6）
宙《ちゅう》づりの毛虫《けむし》はおばけ屋《や》しきかな　尾中《おなか》　彩《あや》（小3）

【ほたる】ほうたるともいいます。水《みず》のきれいな流《なが》れにすむ、青《あお》くさい匂《にお》いのする小《ちい》さな虫《むし》ですが、夜《よる》に尻《しり》から光《ひかり》を放《はな》ちながら飛《と》びます。平家《へいけ》ぼたると源氏《げんじ》ぼたるとがいます。

蛍獲《ほたるえ》て少年《しょうねん》の指《ゆび》みどりなり　山口誓子《やまぐちせいし》
けふ《きょう》もいちにち誰《だれ》も来《こ》なかつ《（っ）》たほうたる　種田山頭火《たねださんとうか》
じゃんけんで負《ま》けて蛍《ほたる》に生《うま》れたの　池田澄子《いけだすみこ》
さわれるよあつくないんだホタルの火《ひ》　すわこうし（小2）
もりのなかネオンのようなほたるかな　田村里穂《たむらりほ》（小1）

【夏《なつ》の蝶《ちょう》】蝶《ちょう》といえば春《はる》に見《み》られるものが多《おお》いですが、夏《なつ》にも揚羽蝶《あげはちょう》のような大《おお》きな蝶《ちょう》や紋白蝶《もんしろちょう》などが、緑《みどり》の木立《こだち》の間《あいだ》を舞《ま》う姿《すがた》をよく見《み》かけます。夏蝶《なつちょう》ともいい、梅雨《つゆ》の晴《は》れ間《ま》に飛《と》んでいる蝶《ちょう》は梅雨《つゆ》の蝶《ちょう》といいます。

夏《なつ》の蝶《ちょう》日《ひ》かげ日《ひ》なたと飛《と》びにけり　高浜虚子《たかはまきょし》
まつ《（っ）》白《しろ》き梅雨蝶《つゆちょう》となり草《くさ》に飛《と》ぶ　星野立子《ほしのたつこ》

【かぶとむし】コガネムシ科《か》でいちばん大《おお》きなもので、力《ちから》も強《つよ》く、雄《おす》の長《なが》い角《つの》が特徴《とくちょう》です。樹液《じゅえき》を吸《す》いに、くぬぎ、なら、さいかちの木《き》などに集《あつ》まってきます。羽《はね》をひろげて飛《と》ぶこともあります。

ひつ《（っ）》ぱれる糸《いと》まつ《（っ）》すぐや甲虫《かぶとむし》　高野素十《たかのすじゅう》

甲虫《かぶとむし》たたかへ《え》ば地《ち》の焦《こ》げくさし　富沢赤黄男《とみざわかきお》

かぶと虫《むし》くわがたにつのじまんする　小幡将司《おばたまさし》（小3）

かぶと虫《むし》どこからにげてきたのかな　鈴木万莉《すずきまり》（小1）

【かみきりむし】カミキリムシ科《か》の甲虫《こうちゅう》で種類《しゅるい》が多《おお》く、鋭《するど》いあご、むちのような長《なが》い触角《しょっかく》、白《しろ》い斑点《はんてん》の甲《こう》などが特徴《とくちょう》です。髪《かみ》や小枝《こえだ》を与《あた》えると噛《か》み切《き》ります。捕《とら》えるとキイキイと鳴《な》き声《ごえ》をたてます。

くらがりに捨《す》てし髪切虫《かみきりむし》が鳴《な》く　橋本多佳子《はしもとたかこ》

天牛《かみきり》を髭《ひげ》もて吊《つる》し怠《なま》けをり　小林清之介《こばやしせいのすけ》

【玉虫《たまむし》】金緑色《きんりょくしょく》の羽《はね》に、紅紫色《こうししょく》のすじのある四《よん》センチほどの美《うつく》しい甲虫《こうちゅう》です。昔《むかし》から幸運《こううん》を呼《よ》ぶとされ、この虫《むし》をたんすにしまっておくと着物《きもの》が増《ふ》えるといわれてきました。法隆寺《ほうりゅうじ》の国宝《こくほう》の玉虫《たまむし》の厨子《ずし》※21にはこの虫《むし》の羽《はね》が使《つか》われています。

※21　**玉虫の厨子《たまむしのずし》**…飛鳥時代《あすかじだい》の厨子《ずし》。厨子《ずし》とは仏像《ぶつぞう》や経巻《きょうかん》などを安置《あんち》する戸《と》だなのようないれもの。

玉虫《たまむし》が心《こころ》に残《のこ》しゆきし色《いろ》　後藤比奈夫《ごとうひなお》

玉虫《たまむし》の翔《た》ちし一樹《いちじゅ》に風《かぜ》集《つど》ふ　伊藤京子《いとうきょうこ》

【こがね虫《むし》】濃緑色《のうりょくしょく》で、二《に》センチほどの大《おお》きさの甲虫《こうちゅう》です。かなぶんとも呼《よ》ばれます。夜《よる》、窓《まど》を開《あ》けたとき、大《おお》きな音《おと》をたてて飛《と》んできて、部屋《へや》の電灯《でんとう》にぶつかってきたりします。

金亀子《こがねむし》擲《なげう》つ闇《やみ》の深《ふか》さかな　高浜虚子《たかはまきょし》

更《ふ》けし灯《ひ》に来《き》て大方《おおかた》※22は金亀子《こがねむし》　福永耕二《ふくながこうじ》

【てんとう虫《むし》】丸《まる》い背中《せなか》に黒《くろ》・赤《あか》・黄色《きいろ》などの斑点《はんてん》があり、小《ちい》さくかわいらしい虫《むし》です。よく見《み》かける七星《ななほし》てんとうには七《なな》つの斑点《はんてん》があります。葉《は》や枝《えだ》にいて、つかまえようとするとぱっと飛《と》びたちます。

翅《はね》わつ《（っ）》ててんたう虫《むし》の飛《と》びいづる　高野素十《たかのすじゅう》

のぼりゆく草《くさ》ほそりゆくてんと虫《むし》　中村草田男《なかむらくさたお》

天道虫《てんとむし》間一髪《かんいっぱつ》を飛《と》びにけり　奥坂《おくざか》まや

てんとうむし　こがねむし

※22 大方《おおかた》…だいたい。ほとんど。

【げんごろう】水田《すいでん》や池《いけ》などにすむ、三《さん》センチほどの黒褐色《こっかっしょく》の虫《むし》で、後《うし》ろあしを動《うご》かして水中《すいちゅう》を進《すす》みます。夜《よる》になると、空《そら》を飛《と》んだり、明《あ》かりに向《む》かって飛《と》んでいくこともあります。

腹広《はらひろ》く見《み》せて反転源五郎《はんてんげんごろう》　大辻山査子《おおつじさんざし》

【あめんぼう】細長《ほそなが》い六本《ろっぽん》のあしで水《みず》の上《うえ》をすいすいと泳《およ》ぎます。みずすましとも呼《よ》ばれます。池《いけ》や沼《ぬま》などをのぞくと、思《おも》いがけないほどたくさんいて驚《おどろ》くことがあります。飴《あめ》に似《に》た甘《あま》いにおいがするのでこの名《な》がついたといわれます。

あるときは雲《くも》に乗《の》りたるみづすまし　関森勝夫《せきもりかつお》

あめんぼの輪《わ》より雨《あめ》の輪《わ》増《ふ》えて来《き》し　西村和子《にしむらかずこ》

【落《お》とし文《ぶみ》】山道《やまみち》などを歩《ある》いていると、丸《まる》く巻《ま》かれた木《こ》の葉《は》が落《お》ちているのを見《み》ることがあります。中《なか》をあけてみると葉《は》の中《なか》には虫《むし》の卵《たまご》が産《う》んであります。昔《むかし》の人《ひと》は、それをうぐいすの落《お》とし文《ぶみ》※23、ほととぎすの落《お》とし文《ぶみ》などと呼《よ》びました。

音立《おとた》てて落《お》ちてみどりや落《おと》し文《ぶみ》　原石鼎《はらせきてい》

落《おと》し文学《ぶみて》にころがして渡《わた》さるる　村上杏吏《むらかみきょうし》

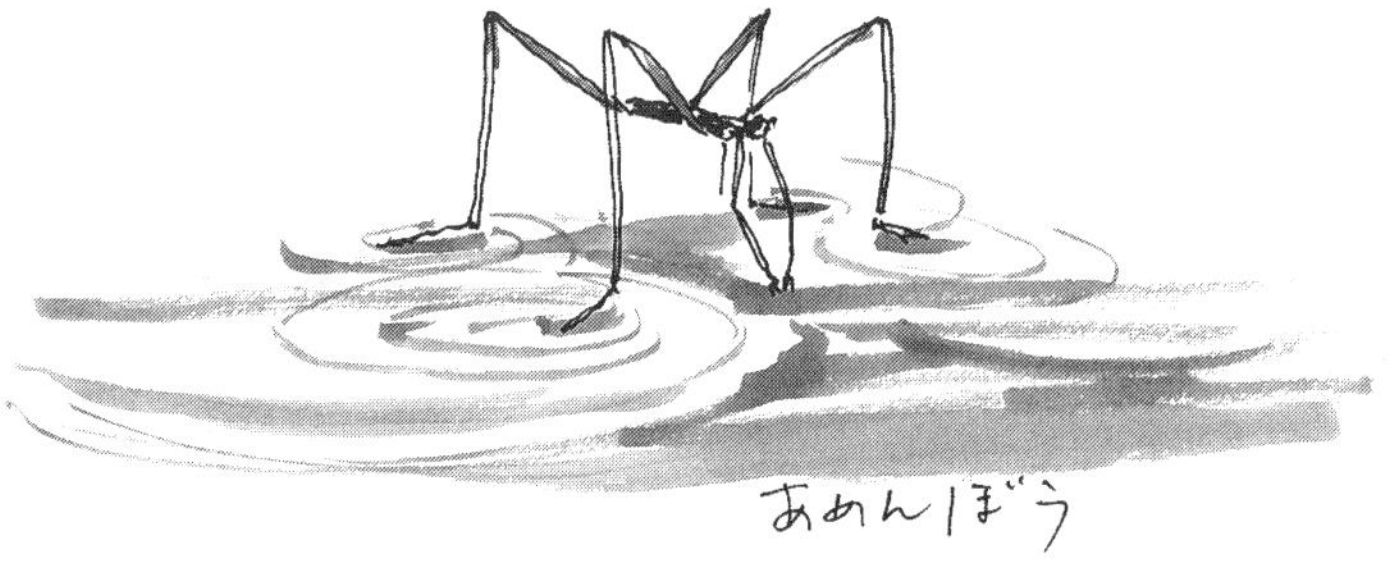

※23 **落《お》とし文《ぶみ》**…わざと道《みち》などに落《おと》しておく手紙《てがみ》のこと。

【蟬《せみ》】蟬《せみ》は土《つち》の中《なか》で七年《しちねん》ほど過《す》ごし、地上《ちじょう》に出《で》てからは一《いち》、二週間《にしゅうかん》しか生《い》きられません。土《つち》から出《で》て蟬《せみ》になるとき、脱《ぬ》ぎ捨《す》てられた蟬《せみ》の殻《から》を空蟬《うつせみ》といいます。また、蟬《せみ》が木々《きぎ》でいっせいに降《ふ》るように鳴《な》くのを蟬時雨《せみしぐれ》といいます。

閑《しず》かさや岩《いわ》にしみ入《い》る蟬《せみ》の声《こえ》　芭蕉《ばしょう》

空蟬《うつせみ》やひるがへる葉《は》にとりついて　高野素十《たかのすじゅう》

せみの声《こえ》風《かぜ》にまじって聞《き》こえるよ　斉藤美月《さいとうみづき》（小3）

【蠅《はえ》】夏《なつ》になると、羽音《はおと》をたてて飛《と》んできて、食《た》べ物《もの》や、くさったものなどに集《あつ》まります。病原菌《びょうげんきん》を運《はこ》ぶので嫌《きら》われています。

やれ打《う》つな蠅《はえ》が手《て》をすり足《あし》をする　一茶《いっさ》

牛《うし》の目《め》の蠅《はえ》をあつめて澄《す》みにけり　小島《こじま》　健《けん》

【油虫《あぶらむし》】ごきぶりとも呼《よ》ばれています。つやつやと体《からだ》が油《あぶら》のように黒光《くろびか》りしており、台所《だいどころ》などに隠《かく》れていて、夜《よる》になると食《た》べ物《もの》を探《さが》しに出《で》てきます。アリマキなど、植物《しょくぶつ》につくあぶらむしとは違《ちが》う昆虫《こんちゅう》です。

油虫《あぶらむし》にぶくなりしをもう追《お》は《わ》ず　山口誓子《やまぐちせいし》

髭《ひげ》の先《さき》までごきぶりでありにけり　行方克巳《なめかたかつみ》

せみの羽化

【ぼうふら】蚊《か》の幼虫《ようちゅう》です。五《ご》、六《ろく》ミリほどの大《おお》きさで、たまった水《みず》の中《なか》で育《そだ》ちます。棒《ぼう》を振《ふ》るように浮《う》き沈《しず》みしながら泳《およ》ぐので、ぼうふらと呼《よ》ばれます。

孑孑《ぼうふら》や松葉《まつば》の沈《しず》む手水鉢《ちょうずばち》※24　正岡子規《まさおかしき》

孑孑《ぼうふら》にみるみる涙《なみだ》あふれけり　中岡毅雄《なかおかたけお》

【蚊《か》】ぼうふらは一週間《いっしゅうかん》ばかりで蚊《か》になります。ブーンと羽音《はおと》をたてながら飛《と》んできて人間《にんげん》をさしますが、血《ち》を吸《す》うのは雌《めす》で、産卵《さんらん》に必要《ひつよう》なためです。蚊《か》が、一《いち》団《だん》となって柱《はしら》のように群《むら》がって飛《と》ぶのを、蚊柱《かばしら》といいます。

叩《たた》かれて昼《ひる》の蚊《か》を吐《は》く木魚《もくぎょ》かな※25　夏目漱石《なつめそうせき》

蚊《か》が一《ひと》つまつ《（っ）》すぐ耳《みみ》に来《き》つつあり　篠原《しのはら》梵《ぼん》

【蟻《あり》】いつも忙《いそが》しそうに地面《じめん》を歩《ある》いている蟻《あり》は、土《つち》の中《なか》に巣《す》をつくり、女王蟻《じょおうあり》を中心《ちゅうしん》に集団《しゅうだん》で生活《せいかつ》をしています。働《はたら》き蟻《あり》が食《た》べ物《もの》を巣《す》に運《はこ》ぶのですが、その行《ぎょう》列《れつ》を蟻《あり》の道《みち》、または蟻《あり》の列《れつ》といいます。

蟻《あり》の列《れつ》しづ《ず》かに蝶《ちょう》をうかべたる　篠原《しのはら》梵《ぼん》

塵取《ちりとり》にすこしかかりて蟻《あり》の道《みち》　大橋櫻坡子《おおはしおうはし》

※24 **手水鉢《ちょうずばち》**…神社《じんじゃ》などで手《て》や口《くち》を洗《あら》い清《きよ》めるために用意《ようい》してある水《みず》を手水《ちょうず》といい、その水《みず》を入《い》れておく大《おお》きないれものを手水鉢《ちょうずばち》といいます。

※25 **木魚《もくぎょ》**…僧侶《そうりょ》が経《きょう》をとなえるときに叩《たた》いて鳴《な》らす木《き》の道具《どうぐ》。中《なか》が空《くう》どうで、魚《さかな》のうろこの彫刻《ちょうこく》がしてあります。

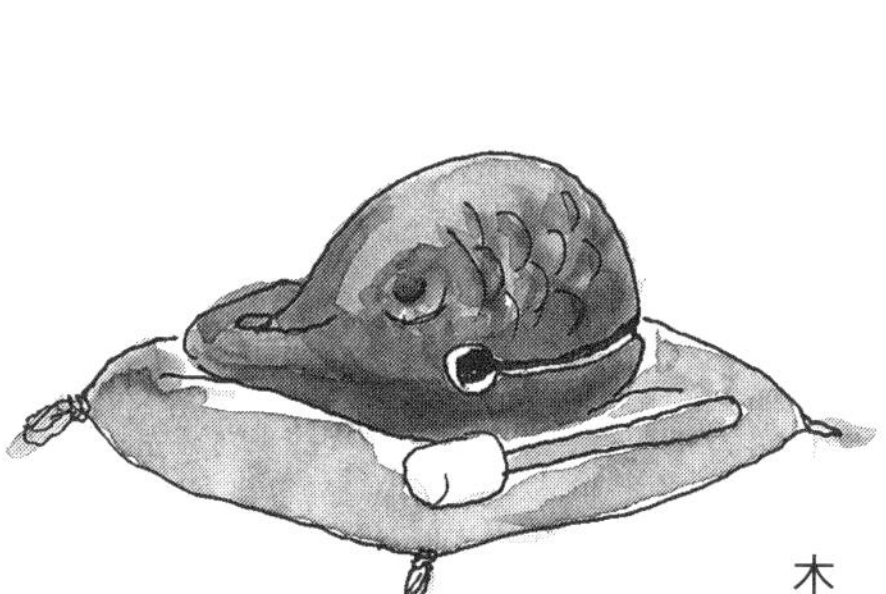

木魚

【くも】たくさんの種類《しゅるい》がいますが、多《おお》くは家《いえ》のすみや草木《くさき》の間《あいだ》に、ねばりけのある糸《いと》を出《だ》して巣《す》をつくり、かかった虫《むし》を食《た》べます。くもの巣《す》を、俳句《はいく》ではくもの囲《い》ともいいます。

くもの糸《いと》一《ひと》すぢよぎる百合《ゆり》の前《まえ》　高野素十《たかのすじゅう》

蜘蛛《くも》の子《こ》の皆足《みなあし》もちて散《ち》りにけり　富安風生《とみやすふうせい》

【みみず】しめった土《つち》の中《なか》にすみ、花壇《かだん》や畑《はたけ》を掘《ほ》り返《かえ》したときに出《で》てきます。八《はち》、九《く》センチくらいのものが多《おお》く、釣《つ》りのえさにも使《つか》われます。梅雨《つゆ》のころには、土《ど》中《ちゅう》の水《みず》で呼吸《こきゅう》が苦《くる》しくなるため、地上《ちじょう》に這《は》い出《だ》してきます。

進《すす》み行《ゆ》く方《ほう》が頭《あたま》よ蚯蚓《みみず》伸《の》ぶ　村田昭子《むらたあきこ》

【かたつむり】陸生《りくせい》の巻《ま》き貝《がい》で、でんでん虫《むし》、ででむし、まいまいなど、いろいろな名前《なまえ》で呼《よ》ばれ親《した》しまれています。雨上《あめあ》がりの葉《は》の上《うえ》でよく見《み》かけます。ふだんはしめった葉《は》の裏《うら》や石《いし》の下《した》などの物《もの》かげに隠《かく》れています。

かたつむり甲斐《かい》も信濃《しなの》も雨《あめ》のなか　飯田龍太《いいだりゅうた》

いつまでも硝子《がらす》の裏《うら》の蝸牛《かたつむり》　森賀《もりが》まり

でで虫《むし》や雨《あめ》の匂《にお》ひの子《こ》が戻《もど》る　遠藤文子《えんどうふみこ》

【くらげ】傘《かさ》のような姿《すがた》の海《うみ》の生《い》き物《もの》です。海水浴《かいすいよく》のときなどに、波《なみ》の上《うえ》をふわふわと泳《およ》いでいるのをよく見《み》かけます。どこかのんびりとした感《かん》じがしますが、人《ひと》をさすこともあります。

波《なみ》ゆきて波《なみ》ゆきて寄《よ》る海月《くらげ》かな　高野素十《たかのすじゅう》

大《おお》海月《くらげ》笠《かさ》かたむけて沈《しず》むかな　岡田耿陽《おかだこうよう》

【若葉《わかば》】もえ出《で》たばかりの樹木《じゅもく》の葉《は》のことをいいます。木《き》によってさまざまな色《いろ》と形《かたち》がありますが、やわらかくみずみずしいものです。柿《かき》の若葉《わかば》は柿若葉《かきわかば》、椎《しい》なら椎若葉《しいわかば》などと表現《ひょうげん》することもあります。

若葉《わかば》して御目《おんめ》の雫《しずく》拭《ぬぐ》はばや　芭蕉《ばしょう》

ざぶざぶと白壁《しらかべ》洗《あら》ふわか葉《ば》かな　一茶《いっさ》

柿若葉《かきわかば》重《かさ》なりもして透《す》くみどり　富安風生《とみやすふうせい》

【青葉《あおば》】若葉《わかば》が茂《しげ》って、青々《あおあお》としてきたものをいいます。濃《こ》い青葉《あおば》と、うす緑《みどり》の若葉《わかば》がまじるようすを青葉若葉《あおばわかば》といいます。

あらたふ《とう》と青葉《あおば》若葉《わかば》の日《ひ》の光《ひかり》　芭蕉《ばしょう》

旅《たび》終《お》へ《え》てこころやさしき青葉《あおば》かな　山田《やまだ》みづえ

【新緑《しんりょく》】若葉《わかば》の緑《みどり》をいいます。初夏《しょか》の明《あか》るい光《ひかり》を受《う》けて、山《やま》も町《まち》もさわやかな緑《みどり》色《いろ》にあふれてきます。緑《みどり》さす、または緑《みどり》ともいいます。

杖《つえ》挙《あ》げて牧《まき》の緑《みどり》を司《つかさど》る　石田勝彦《いしだかつひこ》

摩天楼《まてんろう》※26より新緑《しんりょく》がパセリほど　鷹羽狩行《たかはしゅぎょう》

【万緑《ばんりょく》】見渡《みわた》すかぎり草木《くさき》の深《ふか》い緑《みどり》が生《お》い茂《しげ》っていることを、万緑《ばんりょく》といいます。強《つよ》い生命力《せいめいりょく》にあふれています。

万緑《ばんりょく》の中《なか》や吾子《あこ》※3の歯《は》生《は》え初《そ》むる　中村草田男《なかむらくさたお》

万緑《ばんりょく》を顧《かえり》みるべし※27山毛欅《ぶな》峠《とうげ》　石田波郷《いしだはきょう》

【草《くさ》いきれ】夏《なつ》の熱《あつ》い太陽《たいよう》に照《て》りつけられた草《くさ》むらが、むっとする熱気《ねっき》や匂《にお》いをはなつことをいいます。「いきれ」とはむせるような熱気《ねっき》のことです。

草《くさ》いきれ貨車《かしゃ》の落書《らくが》き走《はし》り出《だ》す　原子公平《はらこうへい》

※26 **摩天楼《まてんろう》**…高層建築《こうそうけんちく》のこと。

※27 **顧《かえり》みる**…ふりむいて見《み》ること。

夏草

【夏草《なつくさ》】夏《なつ》に生《お》い茂《しげ》っている、あらゆる草《くさ》のことをいいます。青草《あおくさ》ともいいます。刈《か》ってもまたすぐ伸《の》びてきて、身《み》の丈《たけ》を越《こ》すほどにもなります。あき地《ち》も、野《の》の道《みち》も、夏草《なつくさ》におおわれてしまいます。

夏草《なつくさ》や兵共《つわものども》がゆめの跡《あと》　芭蕉《ばしょう》

夏草《なつくさ》に汽罐車《きかんしゃ》の車輪《しゃりん》来《き》て止《とま》る　山口誓子《やまぐちせいし》

【茂《しげ》り】草木《くさき》がさかんに茂《しげ》っていることです。

光合《ひかりあ》ふ二《ふた》つの山《やま》の茂《しげ》りかな　去来《きょらい》

【木下闇《こしたやみ》】木《き》が茂《しげ》って、昼間《ひるま》でも木陰《こかげ》が暗《くら》いことを、木下闇《こしたやみ》といいます。下闇《したやみ》、青葉闇《あおばやみ》などともいいます。

下闇《したやみ》に遊《あそ》べる蝶《ちょう》の久《ひさ》しさよ　松本《まつもと》たかし

こしたやみからすが一羽《いちわ》あるいてる　藤井靖子《ふじいやすこ》（中1）

【朴《ほお》の花《はな》】山《やま》に自生《じせい》する落葉高木《らくようこうぼく》で、夏《なつ》のはじめに、大人《おとな》の両手《りょうて》ほどもある白《しろ》い花《はな》を、上向《うわむ》きに咲《さ》かせます。葉《は》も広《ひろ》く大《おお》きくて、のびやかな感《かん》じがします。

ホオ

朴《ほお》の花《はな》しばらくありて風渡《かぜわた》る　高野素十《たかのすじゅう》

朴咲《ほおさ》くや雲《くも》より馬車《ばしゃ》の来《く》るごとし　大串章《おおぐしあきら》

【牡丹《ぼたん》】五月《ごがつ》のはじめに、白《しろ》や紅《べに》の豪華《ごうか》な大輪《たいりん》の花《はな》が開《ひら》きます。よい香《かお》りと、気《き》品《ひん》のある美《うつく》しさから、花《はな》の王《おう》と呼《よ》ばれています。俳句《はいく》ではぼうたんともいいます。

牡丹《ぼたん》散《ちり》て打《うち》かさなりぬ二三片《にさんぺん》　蕪村《ぶそん》

白牡丹《はくぼたん》といふ《う》といへ《え》ども紅《こう》ほのか　高浜虚子《たかはまきょし》

牡丹《ぼたん》百《ひゃく》二《に》百《ひゃく》三《さん》百《びゃく》門《もん》一《ひと》つ　阿波野青畝《あわのせいほ》

ぼうたんの百《ひゃく》のゆるるは湯《ゆ》のやう《よ》に　森澄雄《もりすみお》

【卯《う》の花《はな》】卯木《うつぎ》の花《はな》のことで、花卯木《はなうつぎ》ともいいます。野山《のやま》や畑《はたけ》に生《は》え、垣根《かきね》にもする低木《ていぼく》です。初夏《しょか》に、鐘状《かねじょう》の白《しろ》い花《はな》をたくさんつけます。「夏《なつ》は来《き》ぬ」という歌《うた》で有名《ゆうめい》な花《はな》です。

押《お》しあう《お》て又卯《またう》の花《はな》の咲《さ》きこぼれ　正岡子規《まさおかしき》

顔入《かおい》れて馬《うま》も涼《すず》しや花卯木《はなうつぎ》　前田普羅《まえだふら》

ボタン

卯の花

【花《はな》しょうぶ】観賞用《かんしょうよう》の花《はな》で、水辺《みずべ》で栽培《さいばい》されます。つるぎ形《がた》の葉《は》の間《あいだ》から、すらりとした茎《くき》を伸《の》ばし、てっぺんに大《おお》きな蝶《ちょう》のような花《はな》をつけます。青紫《あおむらさき》のほかに、白《しろ》や黄《き》もあります。しょうぶを育《そだ》てる田《た》んぼを菖蒲田《しょうぶだ》といい、水辺《みずべ》いちめんに花《はな》しょうぶが咲《さ》きそろったさまはみごとです。端午《たんご》の節句《せっく》に使《つか》うしょうぶは、別《べつ》の植物《しょくぶつ》です。

こんこんと水《みず》は流《なが》れて花菖蒲《はなしょうぶ》　臼田亜浪《うすだあろう》

白菖蒲《しろしょうぶ》より白《しろ》き蝶《ちょう》あらはれぬ　大場白水郎《おおばはくすいろう》

きれぎれの風《かぜ》の吹《ふ》くなり菖蒲園《しょうぶえん》　波多野爽波《はたのそうは》

【あやめ】花菖蒲《はなしょうぶ》とよく似《に》た植物《しょくぶつ》で、花《はな》あやめともいいます。紫《むらさき》や白《しろ》の花《はな》で、草原《そうげん》などに咲《さ》きます。

一人《ひとり》立《た》ち一人《ひとり》かがめるあやめかな　野村泊月《のむらはくげつ》

【麦《むぎ》】イネ科《か》の植物《しょくぶつ》で、小麦粉《こむぎこ》やビールの原料《げんりょう》になるもの、家畜《かちく》の飼料《しりょう》になるものなど、いろいろな種類《しゅるい》があります。冬《ふゆ》に種《たね》をまき、初夏《しょか》に収穫《しゅうかく》します。麦《むぎ》の穂《ほ》、穂麦《ほむぎ》ともいいます。夏《なつ》の緑《みどり》の中《なか》で、麦《むぎ》の穂《ほ》は黄金色《こがねいろ》に熟《じゅく》します。

麦《むぎ》の穂《ほ》を便《たより》につかむ別《わかれ》かな　芭蕉《ばしょう》

つかみ合《あ》ふ《う》子供《こども》のたけや麦畠《むぎばたけ》　去来《きょらい》

【竹《たけ》の子《こ》】竹《たけ》は初夏《しょか》に、地下茎《ちかけい》から新《あたら》しい芽《め》を出《だ》します。それを竹《たけ》の子《こ》、またはたかんなといいます。地面《じめん》からわずかに顔《かお》を出《だ》したところを掘《ほ》り出《だ》して、ゆでたりご飯《はん》に入《い》れて炊《た》いたりします。

筍《たかんな》はすずめの色《いろ》に生《お》ひ《い》立《た》ちぬ　素丸《そがん》

筍《たけのこ》の光《ひかり》放《はな》つ《(つ)》てむかれけり　渡辺水巴《わたなべすいは》

【桜《さくら》の実《み》】桜《さくら》は初夏《しょか》に、小《ちい》さな実《み》をつけます。はじめは緑色《みどりいろ》で、だんだん赤《あか》くなり、濃《こ》い赤《あか》になると下《した》にばらばら落《お》ちるようになります。実桜《みざくら》ともいいます。

桜《さくら》の実《み》赤《あか》し黒《くろ》しとふふみたる※28　細見綾子《ほそみあやこ》

【さくらんぼ】花見《はなみ》などでしたしんでいる桜《さくら》ではなく、くだものとして栽培《さいばい》されているセイヨウミザクラという木《き》の実《み》です。桜桃《おうとう》ともいいます。

美《うつく》しやさくらんぼうも夜《よ》の雨《あめ》も　波多野爽波《はたのそうは》

さくらんぼさざめきながら量《はか》らるる　成瀬櫻桃子《なるせおうとうし》

※28 ふふむ…口《くち》にふくむこと。

【青梅《あおうめ》】梅《うめ》の木《き》は梅雨《つゆ》のころ、丸々《まるまる》と太《ふと》った青《あお》い実《み》をつけます。梅《うめ》の実《み》、実梅《みうめ》ともいいます。さおで枝《えだ》をたたいて落《お》とし、梅酒《うめしゅ》や梅干《うめぼし》につけます。

青《あお》うめをうてばかつちる青葉《あおば》かな　蕪村《ぶそん》

青梅《あおうめ》の臀《しり》うつくしくそろひけり　室生犀星《むろうさいせい》

牛《うし》の顔大《かおおお》いなるとき実梅落《みうめお》つ　石田波郷《いしだはきょう》

【青《あお》あし】青々《あおあお》と茂《しげ》った夏《なつ》のあしのことをいいます。あし茂《しげ》るともいい、あしが群《む》れている湿地《しっち》や水辺《みずべ》などを青《あお》あし原《はら》と呼《よ》びますが、最近《さいきん》は護岸工事《ごがんこうじ》などのため見《み》られなくなってきました。

青蘆《あおあし》に夕波《ゆうなみ》かくれゆきにけり　松藤夏山《まつふじかさん》

しづ《ず》けさの青芦原《あおあしはら》は日《ひ》を返《かえ》す　村田脩《むらたおさむ》

【睡蓮《すいれん》】沼《ぬま》や池《いけ》の水面《すいめん》に咲《さ》く美《うつく》しい水草《みずくさ》です。未《ひつじ》の刻《こく》（午後二時《ごごにじ》ごろ）に開《ひら》き、夜《よる》は閉《と》じるというので未草《ひつじぐさ》ともいいますが、種類《しゅるい》によって開花時間《かいかじかん》はいろいろです。薄紅色《うすべにいろ》や白《しろ》、紫《むらさき》などがあります。

睡蓮《すいれん》の隙間《すきま》の水《みず》は雨《あめ》の文《あや》※29　富安風生《とみやすふうせい》

睡蓮《すいれん》の一花一花《いっかいっか》の真昼《まひる》かな　上村占魚《うえむらせんぎょ》

※29 文《あや》…もようのこと。

青梅

【ばら】ばらは、気品《きひん》のある姿《すがた》と香《かお》りで世界中《せかいじゅう》で愛《あい》されている花《はな》です。低木《ていぼく》のものと、つる性《せい》のばらがあり、どれも鋭《するど》いとげがあります。白《しろ》、紅《べに》、黄《き》、薄紅《うすべに》、また一重《ひとえ》、八重《やえ》など、数《かぞ》えきれないほどの園芸種《えんげいしゅ》があります。

夕風《ゆうかぜ》や白薔薇《しろばら》の花皆動《はなみなうご》く　正岡子規《まさおかしき》

バラ散《ち》るや己《おの》がくづれし音《おと》の中《なか》　中村汀女《なかむらていじょ》

手《て》の薔薇《ばら》に蜂《はち》くれば我王《われおう》の如《ごと》し　中村草田男《なかむらくさたお》

【いばらの花《はな》】野《の》に咲《さ》くばらのことで、花《はな》いばら、花《はな》うばら、野《の》ばらとも呼《よ》びます。観賞用《かんしょうよう》のばらよりも小《ちい》さい一重《ひとえ》の白《しろ》い花《はな》をたくさんつけます。秋《あき》には赤《あか》い実《み》をつけます。

愁《うれ》ひつつ岡《おか》にのぼれば花《はな》いばら　蕪村《ぶそん》

花《はな》うばらふたたび堰《せき》にめぐり合《あ》ふ　芝《しば》　不器男《ふきお》

【昼顔《ひるがお》】野《の》や道《みち》ばたに生《は》えるつる性《せい》の植物《しょくぶつ》で、朝顔《あさがお》に似《に》たピンクの花《はな》をつけます。電柱《でんちゅう》でも塀《へい》でもどこにでも巻《ま》きつき、昼《ひる》の間《あいだ》だけ咲《さ》きます。

昼顔《ひるがお》の咲《さ》きのぼる木《き》や野《の》は広《ひろ》し　中村草田男《なかむらくさたお》

バラ

ヒルガオ

【どくだみ】梅雨《つゆ》どき、庭《にわ》のすみなどにびっしりとハート形《がた》の葉《は》を茂《しげ》らせ、真《ま》っ白《しろ》な十字《じゅうじ》の形《かたち》のほう※30をつけます。このほうが花《はな》のように見《み》えます。匂《にお》いがあるのであまり好《この》まれませんが、薬草《やくそう》として使《つか》い道《みち》が広《ひろ》く、十薬《じゅうやく》とも呼《よ》ばれます。

どくだみや真昼《まひる》の闇《やみ》に白十字《しろじゅうじ》　川端茅舎《かわばたぼうしゃ》

道《みち》冷《ひ》えて十薬《じゅうやく》は咲《さ》き満《み》ちにけり　山田《やまだ》みづえ

【紫陽花《あじさい》】梅雨《つゆ》のころに花《はな》が咲《さ》く落葉低木《らくようていぼく》です。小《ちい》さな花《はな》と四枚《よんまい》のがくがたくさん集《あつ》まって、まりのように見《み》えます。青《あお》のほかに、ピンクや白《しろ》などがあり、咲《さ》いているうちにだんだん色《いろ》が変化《へんか》するので、七変化《しちへんげ》とも呼《よ》ばれます。

紫陽花《あじさい》に馬《うま》が顔出《かおだ》す馬屋《まや》の口《くち》　北原白秋《きたはらはくしゅう》

あぢ《じ》さゐ《い》の毬《まり》がはずみて蝶《ちょう》はずみ　上野章子《うえのあきこ》

【桑《くわ》の実《み》】カイコのえさになる桑《くわ》の木《き》には、初夏《しょか》に小《ちい》さないちごに似《に》た実《み》がつきます。桑苺《くわいちご》ともいいます。はじめは黄色《きいろ》っぽい赤《あか》で、しだいに黒《くろ》っぽくなり甘《あま》くなります。食《た》べると口《くち》が赤黒《あかぐろ》く染《そ》まります。よくさがすと、あき地《ち》などにも生《は》えている木《き》です。

桑《くわ》の実《み》や擦《す》り傷《きず》絶《た》えぬ膝小僧《ひざこぞう》　上田五千石《うえだごせんごく》

ドクダミ

※30 **ほう**…花《はな》の根《ね》もとにつく葉《は》のことで、ほかの葉《は》とちがう形《かたち》や色《いろ》をしているものです。

アジサイ

桑《くわ》の実《み》の落《お》ちてにじみぬ石《いし》の上《うえ》　佐藤《さとう》漾人《ようじん》

【いちご】いちごはハウス栽培《さいばい》がさかんなので、春先《はるさき》に出荷《しゅっか》されますが、ろ地《じ》で栽培《さいばい》すると春《はる》に花《はな》が咲《さ》き、初夏《しょか》に赤《あか》い果実《かじつ》をつけます。

朝日《あさひ》濃《こ》し苺《いちご》は籠《かご》に摘《つ》みみちて　杉田《すぎた》久女《ひさじょ》

苺《いちご》つぶす匙《さじ》に小《ちい》さき遠《とお》き灯《ひ》よ　原田《はらだ》種茅《たねじ》

【びわ】果樹《かじゅ》として栽培《さいばい》される常緑高木《じょうりょくこうぼく》で、庭《にわ》にもよく植《う》えられます。花《はな》は冬《ふゆ》に咲《さ》きますが、夏《なつ》にはオレンジ色《いろ》のしずく形《がた》の実《み》をたくさんつけます。うぶ毛《け》に包《つつ》まれた皮《かわ》をむくと、みずみずしく甘《あま》い果肉《かにく》があらわれます。

やはらかな紙《かみ》につつまれ枇杷《びわ》のあり　篠原《しのはら》梵《ぼん》

ライバルの吐《は》きて大《おお》きな枇杷《びわ》の種《たね》　神蔵《かみくら》器《うつわ》

【瓜《うり》の花《はな》】キュウリやスイカなど瓜類《うりるい》の花《はな》のことをいいます。ほとんどはラッパ形《がた》の花《はな》の先《さき》が五《いつ》つに切れこんでいる形《かたち》の花《はな》で、黄色《きいろ》か白《しろ》の花《はな》です。

雨土《あめつち》をしたたか揚《あ》げぬ瓜《うり》の花《はな》　西山泊雲《にしやまはくうん》

思《おも》ひ《い》きり泣《な》く少年《しょうねん》や瓜《うり》の花《はな》　星野麥丘人《ほしのばっきゅうじん》

【早苗《さなえ》】稲《いね》の苗《なえ》は苗代《なわしろ》で育《そだ》てられますが、二十《にじゅっ》センチくらいに育《そだ》って、苗代《なわしろ》から田《た》んぼへ植《う》えかえる時期《じき》の苗《なえ》を、早苗《さなえ》といいます。

手《て》ばなせば夕風《ゆうかぜ》やどる早苗《さなえ》かな　芭蕉《ばしょう》

早苗《さなえ》いま雨《あめ》より細《ほそ》くそよぎを《お》り　大屋達治《おおやたつはる》

【かび】食物《しょくもつ》、衣類《いるい》、家《いえ》の壁《かべ》や床《ゆか》などに生《は》える菌類《きんるい》をかびと呼《よ》びます。湿度《しつど》と温《おん》度《ど》が高《たか》い梅雨《つゆ》どきには生《は》えやすくなります。

黴《かび》けむり立《た》ててぞ黴《かび》の失《う》せにける　池内《いけのうち》たけし

黴《かび》拭《ふ》いてゐ《い》る妻《つま》に何《なに》もしてやれず　田中水峰《たなかすいほう》

【サルビア】夏《なつ》から秋《あき》にかけて、燃《も》えるようなくちびる形《がた》の赤《あか》い花《はな》を咲《さ》かせるシソ科《か》の花《はな》です。観賞用《かんしょうよう》で、公園《こうえん》や道路《どうろ》の脇《わき》の植《う》え込《こ》みによく見《み》かけます。

海《うみ》をみてきてサルビアの朱《しゅ》が残《のこ》る　阿部《あべ》　貞《てい》

鼓笛隊《こてきたい》サルビアに火《ひ》をつけてゆく　木村泰三《きむらたいぞう》

【すずらん】高原《こうげん》に咲《さ》くかれんな野草《やそう》で、初夏《しょか》に大《おお》きな葉《は》の間《あいだ》から伸《の》びた茎《くき》の先《さき》に、小《ちい》さな鐘《かね》のような白《しろ》い花《はな》を房《ふさ》のようにつけます。とてもよい香《かお》りがします。

鈴蘭《すずらん》に憩《いこ》ふをとめ等《ら》の肩見《かたみ》ゆる　水原秋櫻子《みずはらしゅうおうし》

【百合《ゆり》】ラッパ形《がた》の立派《りっぱ》な花《はな》をつけて、ひときわ目立《めだ》つ草花《くさばな》です。白百合《しらゆり》、山百合《やまゆり》、オレンジ色《いろ》の鬼百合《おにゆり》など、種類《しゅるい》はさまざまです。強《つよ》い香《かお》りがあります。

起《た》ち上《あが》る風《かぜ》の百合《ゆり》あり草《くさ》の中《なか》　松本《まつもと》たかし

山霧《やまぎり》の引《ひ》きゆく迅《はや》さ小鬼百合《こおにゆり》　星野恒彦《ほしのつねひこ》

コオニユリ

【夕顔《ゆうがお》】つる性《せい》の植物《しょくぶつ》で、ウリ科《か》です。夕方《ゆうがた》になると、ラッパ形《がた》の真白《まっしろ》い花《はな》を開《ひら》きます。秋《あき》には大《おお》きな実《み》がなりますが、これをむいて干《ほ》し、かんぴょうにします。

淋《さび》しくもまた夕顔《ゆうがお》のさかりかな　夏目漱石《なつめそうせき》

夕《ゆう》がほの花《はな》よりあをき月出《つきい》でぬ　室生《むろう》とみ子《こ》

【ひまわり】夏《なつ》を代表《だいひょう》する植物《しょくぶつ》で、二《に》メートルくらいに伸《の》び子《こ》どもの顔《かお》ほどの大《おお》きな花《はな》をつけます。花《はな》が太陽《たいよう》の動《うご》きといっしょに動《うご》くといわれて向日葵《ひまわり》と書《か》きますが、実際《じっさい》はそんなことはありません。

向日葵《ひまわり》に天《てん》よりも地《ち》の夕焼《ゆうや》くる　山口誓子《やまぐちせいし》

高原《こうげん》の向日葵《ひまわり》の影《かげ》われらの影《かげ》　西東三鬼《さいとうさんき》

【トマト】生《なま》で食《た》べたり、ケチャップやジュースにする、真赤《まっか》な野菜《やさい》で、とても栄養《えいよう》があります。丈《たけ》が高《たか》いので、倒《たお》れないようにささえの棒《ぼう》を使《つか》って栽培《さいばい》します。黄色《きいろ》い小《ちい》さな花《はな》が咲《さ》きます。

一片《いっぺん》のトマト冷《つめ》たきランチかな　野村喜舟《のむらきしゅう》

井戸水《いどみず》にめぐまれ住《す》んでトマトもぐ　伊東月草《いとうげっそう》

ヒマワリ

【メロン】ウリ科《か》のくだもので、香《かお》りもよく甘《あま》いので、好《す》きな人《ひと》も多《おお》いでしょう。つる性《せい》のため、畑《はたけ》にはわせて育《そだ》てます。

夜《よる》のメロン銀《ぎん》の匙《さじ》より冷《つめ》たくて　　持丸寿恵子《もちまるすえこ》

【そら豆《まめ》】マメ科《か》の作物《さくもつ》で、まだ熟《じゅく》さないうちにさやから出《だ》してゆでて食《た》べます。さやが空《そら》に向《む》かってつくので、そら豆《まめ》といいます。

そら豆《まめ》はまことに青《あお》き味《あじ》したり　　細見綾子《ほそみあやこ》

【胡瓜《きゅうり》】代表的《だいひょうてき》な夏《なつ》の野菜《やさい》です。表面《ひょうめん》にいぼいぼがあります。水分《すいぶん》が多《おお》く、瓜《うり》もみや、サラダやつけものにします。

夕月《ゆうづき》のいろの香《か》を出《だ》す青胡瓜《あおきゅうり》　　飯田龍太《いいだりゅうた》

そら豆

【茄子《なす》】濃《こ》い紫紺色《しこんしょく》の野菜《やさい》で、なすびともいいます。つけもののほかに、焼《や》いたりいためたり、いろいろな料理《りょうり》に使《つか》われます。うす紫色《むらさきいろ》の花《はな》が咲《さ》きます。

桶《おけ》の茄子《なす》ことごとく水《みず》をはじきけり　原《はら》　石鼎《せきてい》
右《みぎ》の手《て》に鋏《はさみ》左《ひだり》に茄子《なす》三《みっ》つ　今井《いまい》つる女《じょ》

【しそ】しそは一年草《いちねんそう》の植物《しょくぶつ》で、たまご形《がた》でふちにギザギザのあるよい香《かお》りの葉《は》をつけます。赤《あか》じそは梅干《うめぼし》といっしょにつけたり、青《あお》じそはさしみやめん類《るい》の薬味《やくみ》にします。実《み》もよい香《かお》りで食《た》べられます。

四五歩《しごほ》して紫蘇《しそ》の香《か》ならずやと思《おも》ふ　加藤《かとう》楸邨《しゅうそん》
ひとうねの青紫蘇雨《あおじそあめ》をたのしめり　木下《きのした》夕爾《ゆうじ》

【蓮《はす》】はちすとも読《よ》みます。池《いけ》や沼《ぬま》などに栽培《さいばい》されるスイレン科《か》の多年草《たねんそう》で、根《ね》はれんこんといって食用《しょくよう》です。葉《は》は直径五十《ちょっけいごじゅっ》センチ以上《いじょう》あります。花《はな》も大《おお》きく薄紅色《うすべにいろ》か白《しろ》で、たいへん美《うつく》しいものです。仏像《ぶつぞう》の台座《だいざ》は蓮《はす》の花《はな》の形《かたち》をしています。

蓮《はす》わたる風《かぜ》の遠《とお》くがかがやける　宮津《みやつ》昭彦《あきひこ》
はすのはの大《おお》きな耳《みみ》がならんでる　佐野《さの》真帆子《まほこ》（小2）

【桐《きり》の花《はな》】桐《きり》はたんすなどの材料《ざいりょう》になる木《き》で、落葉高木《らくようこうぼく》です。山《やま》にも自生《じせい》します。初夏《しょか》に、うす紫色《むらさきいろ》の筒形《つつがた》の花《はな》をつけます。高《たか》いところに空《そら》をさすように咲《さ》くので遠《とお》くからでもよく見《み》えます。花《はな》が終《お》わると、三十《さんじゅっ》センチほどにもなる大《おお》きな葉《は》が出《で》てきます。花桐《はなぎり》ともいいます。

安曇野《あずみの》※31の日《ひ》がやはらかし桐《きり》の花《はな》　柴田白葉女《しばたはくようじょ》

【栗《くり》の花《はな》】栗《くり》の花《はな》は六月《ろくがつ》ごろに咲《さ》きます。白《しろ》い房《ふさ》のような花《はな》で強《つよ》い香《かお》りがあります。花栗《はなぐり》、栗咲《くりさ》くともいいます。

世《よ》の人《ひと》の見付《みつけ》ぬ花《はな》や軒《のき》の栗《くり》　芭蕉《ばしょう》

花栗《はなぐり》のちからかぎりに夜《よ》もにほ《お》ふ《う》　飯田龍太《いいだりゅうた》

※31 **安曇野《あずみの》**…長野県中部地域《ながのけんちゅうぶちいき》をさしていいます。

【さぼてん】暑《あつ》く乾燥《かんそう》した地域《ちいき》に育《そだ》つとげだらけの植物《しょくぶつ》です。個性《こせい》に富《と》んだ形《かたち》で、木《き》のようだったり、球《きゅう》のようだったり、いろいろな種類《しゅるい》があります。夏《なつ》には鮮《あざや》かな花《はな》をつけるので夏《なつ》の季語《きご》となっています。

仙人掌《さぼてん》の針《はり》の中《なか》なる蕾《つぼみ》かな　吉田巨蕪《よしだこぶ》

【はまなす】北国《きたぐに》の海岸《かいがん》に生《は》えるバラ科《か》の低木《ていぼく》で、七月《しちがつ》ごろ、五枚《ごまい》の花《はな》びらをもつ赤紫色《あかむらさきいろ》の美《うつく》しい花《はな》を咲《さ》かせます。よい香《かお》りのする花《はな》です。

玫瑰《はまなす》や今《いま》も沖《おき》には未来《みらい》あり　中村草田男《なかむらくさたお》

【くちなし】梅雨《つゆ》のころに、真《ま》っ白《しろ》で強《つよ》い香《かお》りのする花《はな》を咲《さ》かせる低木《ていぼく》です。咲《さ》いてしばらくすると、黄《き》ばんでくるのが特徴《とくちょう》です。八重《やえ》と一重《ひとえ》のものとがあります。

今朝《けさ》咲《さ》きし山梔子《くちなし》の又白《またしろ》きこと　星野立子《ほしのたつこ》

くちなしの一片《いっぺん》解《と》けし馨《かおり》かな　久保《くぼ》より江《え》

【夾竹桃《きょうちくとう》】公害《こうがい》に強《つよ》いため道路《どうろ》わきなどによく植《う》えられる常緑樹《じょうりょくじゅ》です。夏《なつ》から秋《あき》にかけて、五《いつ》つに切《き》れ込《こ》みの入《はい》ったピンクや白《しろ》の花《はな》を数多《かずおお》く咲《さ》かせます。枝《えだ》や葉《は》には毒《どく》があります。

夾竹桃《きょうちくとう》白《しろ》きは夕《ゆう》べ待《ま》つごとし　米谷静二《よねやせいじ》

【さるすべり】夏《なつ》から秋《あき》にかけて、ピンクや白《しろ》のフリルのような小《ちい》さな花《はな》が、枝《えだ》先《さき》にふき出《だ》したようにたくさん咲《さ》く樹木《じゅもく》です。幹《みき》がすべすべしているので、猿《さる》がすべるという意味《いみ》からついた名前《なまえ》です。百日紅《ひゃくじつこう》ともいいます。

ゆふ《う》ばえ※32にこぼるる花《はな》やさるすべり　日野草城《ひのそうじょう》

枝先《えださき》へ枝先《えださき》へ花百日紅《はなさるすべり》　星野立子《ほしのたつこ》

【月見草《つきみそう》】マツヨイグサとオオマツヨイグサのことをいっぱんに月見草《つきみそう》と呼《よ》んでいます。川原《かわら》や荒《あ》れ地《ち》などに咲《さ》く黄色《きいろ》い花《はな》で、夕暮《ゆうぐ》れに開《ひら》き、朝《あさ》にはしぼんでしまいます。

月見草《つきみそう》ランプのごとし夜明《よあ》け前《まえ》　川端茅舎《かわばたぼうしゃ》

月見草《つきみそう》夕月《ゆうづき》よりも濃《こ》くひらく　安住《あずみ》　敦《あつし》

キョウチクトウ

※32 ゆふ《う》ばえ…夕映《ゆうば》え。夕日《ゆうひ》の光《ひかり》のこと。

オオマツヨイグサ

読者《どくしゃ》のみなさんへ

俳句《はいく》は、わずか十七音《じゅうななおん》ほどでつくられる文芸作品《ぶんげいさくひん》です。その多《おお》くは、五《ご》音《おん》・七《なな》音《おん》・五《ご》音《おん》の調《しら》べを持《も》った文節《ぶんせつ》で構成《こうせい》され、季節《きせつ》を表《あらわ》すことば「季語《きご》」を入《い》れてつくられます。

また、「文語《ぶんご》」という古《ふる》い文体《ぶんたい》で表現《ひょうげん》されることが多《おお》いので、少《すこ》し難《むずか》しく感《かん》じられるかもしれません。

この『新《しん》俳句《はいく》・季語事典《きごじてん》』では、「季語《きご》」をわかりやすく、身近《みぢか》に感《かん》じられるように解説《かいせつ》し、その季語《きご》を使《つか》った俳句《はいく》(例句《れいく》といいます)には、名句《めいく》としてよく知《し》られた作品《さくひん》や、読《よ》む人《ひと》が共感《きょうかん》できるものを選《えら》ぶように心《こころ》がけました。それらの俳句《はいく》は、たとえ、今《いま》読《よ》んでわからなくても、いつかすんなりと心《こころ》に入《はい》ってくることでしょう。

俳句《はいく》は、日々《ひび》の暮《くら》しの中《なか》で、季節《きせつ》の小《ちい》さな変化《へんか》に気《き》づいて、はっとしたり、おやっと思《おも》ったりしたことを書《か》きとめるものです。忘《わす》れないうちに、ほんのちょっと立《た》ち止《ど》まって、短《みじか》い日記《にっき》を書《か》くように、また一枚《いちまい》のスケッチや写真《しゃしん》に残《のこ》すような気持《きも》ちで、五七五《ごしちご》にまとめてみませんか。

そのとき、何《なに》かぴったりとした季語《きご》がないかどうか、ぜひこの本《ほん》で探《さが》してみてください。

石田郷子《いしだきょうこ》

夏／俳人索引

夏の季語索引

●監修：山田みづえ（やまだ・みづえ）

宮城県仙台市生まれ。父・山田孝雄は国語学者。1957年、石田波郷に師事する。1968年、第14回角川俳句賞受賞、1976年、第15回俳人協会賞受賞。1979年、「木語《もくご》」創刊（2004年終刊）。句集に『忘』『手甲』『木語』『草譜』『味爽《まいそう》』『中今』など多数。2013年没。

●著：石田郷子（いしだ・きょうこ）

東京都生まれ。父・石田勝彦、母・いづみは、ともに石田波郷に師事した俳人。1986年、山田みづえに師事。1996年、俳人協会新人賞受賞。2004年、「椋」創刊、著書に、句集『秋の顔』『木の名前』『草の王』『今日も俳句日和 歳時記と歩こう』『季節と出合う 俳句七十二候《しちじゅうにこう》』、編著に、石田いづみ句集『白コスモス』、細見綾子句集『手織《ており》』、監修に『美しい「歳時記」の植物図鑑』など。俳人協会会員、日本文藝家協会会員、椋俳句会代表、星の木同人。
現在は、自然豊かな埼玉県・奥武蔵の谷あいに住み、自宅を山雀亭《やまがらてい》と名づけて、山里での暮しを諷詠《ふうえい》している。作句信条は「自分自身に嘘をつかないこと」。
椋俳句会 http://www.muku-haikukai.com/

新 俳句・季語事典 ―― ② 夏の季語入門

2020年7月30日　初版 第1刷発行

著者◆石田郷子
監修◆山田みづえ
執筆協力◆蘭草慶子・海津篤子・津髙里永子・長嶺千晶・山田（川島）葵

企画編集◆岡林邦夫
写真◆内堀たけし・岡林邦夫
挿画◆天野真由美

発行◆株式会社 国土社
〒101-0062　東京都千代田区神田駿河台2-5
電話：(03)6272-6125／FAX：(03)6272-6126

印刷◆株式会社 厚徳社
製本◆株式会社 難波製本

NDC911　ISBN978-4-337-16412-3　C8392